一瞬で 場をつかむ!
プレゼン 伝え方のルール

The rules of presentation for attracting interests in a moment

ラジオパーソナリティ
森本曜子

同文舘出版

はじめに

「人前に立つと、うまく話さなくてはと思い、結局失敗することが多くて……」

プレゼン終了後、今回もうまくいかなかったと落ち込んでいるYさん。

彼は、私の研修の参加者で、いつも最高の出来を望む有能なビジネスマンです。自分に厳しいので、本番が終わったあと、自分のミスに自信をなくしています。

誰だって、今後の仕事を左右する大切なプレゼンであればあるほど気合が入るもの。でも、時には失敗だってあるはずです。

彼に、どんなミスだったのか尋ねると、

●会場の雰囲気にのまれて、思ったことの半分も言えなかった

- **緊張して思うように声が出ず、自分の調子が出なかった**
- **相手が腕組みをして、つまらなさそうな顔で話を聞いていた**
- **資料に重点がいき、自分の思いが伝わらなかった**
- **最後まで、ただ一方的に話すだけで終わってしまった**

……等々、とめどなく自分でミスをしたと思うポイントを挙げていきます。自身に対して、たくさんの気づきがあって逆にすばらしいと思ったほどです。

彼に限らず、プレゼンをするとき、誰もが同じようなことを感じているのではないでしょうか？

特にプレゼンに苦手意識のある人は、話すどころか、その場に立つことすらイヤだと思っています。できることなら、他の人に代わってもらいたい。企業などでプレゼン研修をしていると、7割ぐらいの人が、そう感じているように思います。

本番を想像しただけで、手足の震えが止まらなくなる人。練習なのに、緊張のあまり泣き出してしまう人。できることなら、永遠に本番がやってこなければいいのに……なんて考える人もいるほどです。

こんな状態では、プレゼンで自分の思いを伝える前に撃沈してしまいます。

どんな仕事も、話さずにすむ仕事はありません。特にプレゼンでは、話さないと仕事になりません。そんな場面では「うまくやろう」と思うより、どうしたら相手に伝わるのかを考えたほうが得策です。

プレゼンの基本は、すべて「話し方」。話し方しだいで、聞き手への伝わり方が変わり、相手の納得度や共感度、相手からの認められ方も違ってきます。

社内での会議でも、社外での企画・商品の説明、スピーチでも同じ。自分を伝えることは、すべてプレゼンです。このことに気づいていない人が、けっこうたくさんいます。

パワーポイントや資料づくりには一生懸命だけど、話すことは二の次になっている。自分でつくった原稿を、噛まずにただ読んでおけば大丈夫。だいたいのことをしゃべって、時間が終わればそれでいいと思っている。

いつも真剣にやっているはずなのに、肝心な話し方の部分が抜けているのです。

冒頭のYさんは、プレゼンのトレーニングをしているうちに、こんなことに気がつきま

した。

- **相手に共感してもらったほうが、伝わりやすい**
- **今までは、何をどう話したらいいのかわからなかったが、緊張感がなくなって自信に変わった**
- **資料作成がいちばん大事と思っていたが、話をしている自分が主役である**
- **声がしっかり出せるようになったら、メリハリのあるしゃべりができるようになった**

私の研修先では、人前で話すことが楽しみになったという人もたくさんいます。

私は、ラジオパーソナリティとして長年、話す仕事に携わってきました。

でも、もともとは人前で話すなんて、とんでもないことでした。緊張でしどろもどろになって、自分の思ったことの半分も話すことができないなど、冒頭の項目すべてに当てはまるタイプだったのです。

仕事で話し方のコツを覚えていくうちに、人前で話すことも普通にできるようになりましたが、企業研修を行なうようになってから、以前の私と同じような悩みを抱えた人がたくさんいることに気づきました。

「20年前からこの研修を受けておけば、自分の人生もプライベートももっと変わったはず」

研修で言われたこの言葉が、とても印象に残っています。

本書では、ちょっとしたコツを知るだけで説得力がアップして、相手の共感を獲得できる伝え方や、そのために必要な「場」のつかみ方などを紹介しています。

「伝えたい！」という思いが相手にも自然に届けば、相手から「あなたの話を受け入れてもいい」「一緒に仕事がしたい」という気持ちになってもらえるはずです。

あなたの仕事が、これまで以上に飛躍することができれば幸いです。

２０１６年８月

森本曜子

一瞬で場をつかむ!
プレゼン
伝え方のルール
CONTENTS

1章 一瞬で場をつかむ!プレゼン成功のルール

2章 本番がうまくいく空気をつくる！「第一印象」のルール

3章 相手の納得度が高まる！「話し方」のルール

4章 緊張・焦りを乗り越える！「準備」のルール

5章 とっさのときもあわてない!「ネタづくり」のルール

6章 相手の心に届く！「声の出し方」のルール

装幀・本文デザイン・作図　荒井雅美（トモエキコウ）
本文DTP　マーリンクレイン

1章

一瞬で場をつかむ!
プレゼン成功のルール

1 本番で緊張しない、たったひとつの処方箋

プレゼンは話し方がすべて。

とは言っても、人前で話すときは、とてもナーバスになるし、相手の反応が気になりますよね。仕事の成果を上げたいと思う人ほど、場の雰囲気に敏感になるものです。

はりきってプレゼン台の前に立ったのに、聞き手がどうも無表情で、何を言っても反応がない。今日のためにたくさん時間をかけて準備してきたのに、なぜなんだろう？

「自分の話す内容がつまらないのかな？」

「場違いな話をしているのかな？」

「自分は嫌われているのかな？」

「このまま、しゃべり続けてもいいのだろうか？」

そんなふうに考え始めるとどんどん不安になり、自分の体がかたくなっていくのを感じて、その場に立っているのもしんどくなります。心臓がドキドキして、息が上がってしまうことさえあります。当然、顔も引きつり声も震え始めて、自分が自分じゃないような……。

そう、いったん緊張し始めると、自分の気持ちがとめどなくマイナス方向へ向かってしまいます。すると、本来の自分を出すことができず、言わなくてはいけないキーワードをつい言い忘れてしまったり、いちばん伝えたい説明のポイントを抜かしたり、逆に言わなくてもいいことを言ってしまったり……。

そんなときは、たらいの水をイメージしてみてください。

たらいの水は、自分のほうへ必死に集めようとすると、両脇へ逃げてしまいますよね。

逆に、両手で外側からそっとすくい寄せる感じで集めると、一気に水は集まってきます。

プレゼンの本番も、それと同じです。**自分から空気をつくっていけば、本番で好影響を生み出すことができる**のです。

初めて会ったクライアントとあいさつをするとき。プレゼン前の雑談をするとき。実際に本番のプレゼンで、自分が話すとき。緊張は何度もやってきますが、いい空気をつくっておけば、クライアントの心と自分の気持ちが近くなるのがわかります。**相手と「心の温度」が一緒になる**と、本番での気持ちの通い方も大きく変わるのです。

プレゼンは本番さえよければ、すべてがうまくいくわけではありません。

プレゼンは、クライアントのビルに入ったときから、すでに始まっています。ひょっとしたら、さっき廊下ですれ違った人が今日の担当者かもしれません。エレベーターで会った人が、決裁権を持ったキーマンかもしれません。クライアント先の部屋に入ってから「先ほど、1階のロビーで会いましたよね」なんて言われることも。そのときブスッとした顔つきでいたとしたら、「しまった!」ということにもなりかねませんよね。

感じのいい人か、この人と一緒に仕事がしたいか、長く付き合っていける相手か……。

プレゼンで伝える中身はもちろんですが、本番前から、あなたはしっかり見られています。

とにかく、**自分が本番で話しやすいように、いかに事前にいい空気をつくっておくか**。

これがプレゼン成功の極意です。

2

「伝えること」と「伝わること」は違う

あなたは自分の話したことが、相手にちゃんと伝わっているかどうか、意識したことってありますか？

こんな話があります。

日本人のあるおじさんが、アメリカで小学校6年生ぐらいの男の子に道を尋ねたそうです。男の子は、とても丁寧にわかりやすく教えてくれました。ところが、おじさんは「なんだか道順がややこしそう。途中でまた誰かに聞けばいいや」と思い、話をあまり真剣に聞きませんでした。

すると、男の子が「おじさん、僕の言ったことをもう1回言ってみて！」と確認してきたのだそうです。

なんて、しっかりした子供！　彼は自分の話を、おじさんがちゃんと理解したかどうか気になっていたんですよね。

人前で話すとき。人に説明をするとき。自分が話すことばかりに一生懸命で、自分の話したことが相手に伝わったかどうかを気にしている人は、意外と少ないような気がします。話は、ただなんとなくしゃべっても伝わるわけではありません。

「伝えること」と「伝わること」は違います。

どんな話も相手に伝わってこそ。伝わるからこそ、相手の共感を得ることができます。結果、プレゼンで提案した新しい商品や企画が売れて、仕事につながっていくのです。

私はプレゼン研修のとき、

「これまで学校や親から〝話し方〟について教わったことがありますか？」

と、必ず聞くようにしています。

そこで手を挙げる人は、残念ながら誰もいません。逆に、

「人前で話すことが、苦手だと思っている人は？」

この質問には、ほとんどの人が手を挙げます。

普段は職場や周りの人と普通に話すことができているし、あまり意思疎通に不便は感じないものですが、仕事で相手先ときちんとコミュニケーションを取らなくてはいけないときなど、いざというときは困っている、という声を多く聞きます。

私も新人の頃、テレビやラジオ番組で話すとき、「とちらないようにしよう」「立て板に水のごとく、なめらかに、きれいに話そう」「少しでも賢く見られたい」などと考えていました。

仕事を始めたばかりで、自分が話すことに必死だったせいもありますが、当時の私は、テレビを見ている人やラジオを聞いている人を意識していなかったのです。

つまり、いつも「主体は自分」だったということ。

聞き手を主体にすると、伝え方も伝わり方もハッキリ変わります。

どんなことを言ったら理解してもらえるのか、どんなことを言ったら喜んでもらえるのか、ちょっとトークをしたと思ってもらえるのか。相手を主体にすると、伝え方も伝わり方も違ってきます。

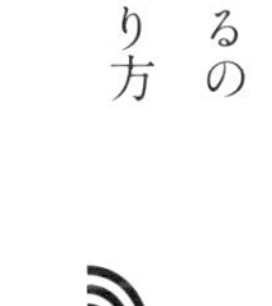

アメリカでは小学生の頃から、コミュニケーションやディベートなどのトレーニングを受けているため、話すことも受け答えもしっかりしていると聞きます。テレビの街頭インタビューなどでマイクを向けられても、みんな臆することなく堂々と自分の意見を言っていますよね。

私たち日本人は幼い頃から「読み」「書き」「そろばん」など、読んだり、書いたり、計算したりということはたくさん習ってきました。でも、「話し方」については習ったことのない人がほとんどです。

同じ話をするのでも、誰に、何を伝えたいのかを意識することで、伝わり方は大きく変わります。

伝わっているかどうかは、聞き手に笑顔があるかどうか、あいづちを打ちながら、納得して聞いてもらっているかどうか、質問が多いかどうかなど、その時々の反応や場の空気で判断できます。

3

「ちゃんと話さなくちゃ」という縛りをはずそう

人前で話すことが苦手な人が多い。これは、先にもお話しした通りです。

話が飛んだり、緊張して手足や声が震えるのは、**「人前では、ちゃんと話さなくちゃ」という思い込みがあるから**。自分を勝手に金縛り状態に追いやっています。

そのような人は、いつも、自分のことをマイナス方向に考えてしまいがちです。自分を正しく見ていないし、自分に対して間違った認識を持っているからかもしれません。

幼い頃から、親や学校の先生から「ちゃんとわかるように話しなさい」「ちゃんと勉強しなさい」「ちゃんと、あいさつをしなさい」、こんなふうに言われ続けて育ってきたような気がします。

ちゃんと！　ちゃんと！　ちゃんと！

でも、「ちゃんとする」って、どういうことなのでしょうか？

私はラジオの番組が始まる前、ゲストの方たちに必ずこのように声をかけます。

「大丈夫ですよ！　普段、親しい人と話しているみたいに、私と楽しくおしゃべりをしましょう」

そう言ったとたん、ゲストの皆さんの表情が、ふっとやわらかくなります。

「なんだ、いつも通りに話せばいいんだ。別にかしこまらなくていいんだ」と思ったら、気持ちがとても軽くなるようです。

人と話をするとき、意識しすぎて余計に緊張してしまい、うまく話せなくなる人がいます。本当は、ちゃんと話せるはずなのに。

あなたもプレゼンのとき、話すこと以前に自分の立場や使命を意識しすぎていること、ありませんか？

「こう話さなきゃ！」

「ちゃんとしなくちゃ！」

「こんな話をしたら、人からどんなふうに思われるかな？」

「こんなことを言ったら、自分の値打ちが下がるかも……」


こんなふうに余計なことを考えているときは、自分の中に目に見えないブロックをつくっているかもしれません。自分で勝手につくった「**心の縛り**」です。

それでは、心も口も体も緊張してカチコチになってしまいます。せっかくの機会なのに、とてももったいないことです。

この縛りをはずしたら、どれだけラクに話せることか。


あるとき、ラジオのゲストの原稿に、「そうですね。私もそう思います」など、自分で話すことすべてが書き込んでありました。「です」「ます」から〝てにをは〟まで、それはもう完璧に。

きっと、ちゃんと話そうと思って、万全の準備をしてきたのでしょう。原稿が文字で真っ黒です。

確かに目の前に原稿があると、安心しますよね。でも、原稿があると「話す」のではなく「読んで」しまうものです。原稿を読むと、つい棒読みになってしまい、相手に伝わりにくくなります。

タクシーの料金案内がいい例かもしれません。

タクシーに乗って料金を払うとき、「リョウキンハ　センニヒャクハチジュウエン　デス」と、感情のない機械音がしゃべることがありますが、冷たい感じがすると、運転手さん自身にも不評のようです。

友達とお茶をしながら話しているときは、誰でも普通に話していますよね。

「昨日、会社の飲み会があってさ」

「彼から、コンサートに誘われたんだけどね」

「日曜日に、山登りをしてきたよ」

原稿を「読む」のではなく、いつでも、こんな感じで普段通りに「しゃべる」ようにすれば、相手に自分の思いが伝わります。自分が構えると、相手もつい構えてしまい、場の空気がかたくなりがちです。

ここで大事なのは、**人は自分が思うほど、他人のことを意識していない**、ということ。ヘアスタイルが変わっても、新しい洋服を身につけても、スッピンで飲み屋さんに行っても、気づいてもらえないのと同じです。

変に緊張しながら原稿を読むよりも、肩の力を抜いて、普段通りに話したほうが自分の思いが伝わりやすくなって、絶対にトク！　です。

4

心の縛りをはずす「1分間自己紹介」

以前、ある企業でマンツーマンの話し方研修を行なったことがあります。相手は50代の管理職の方でした。

あるVIPの先導役をすることになったのですが、周りの人から「話し方が気になるから、ちゃんと教わってこい」と言われたとのことでした。

実際には、やや方言は強いものの、それほど気になるような話し方ではありませんでした。何より、温かい雰囲気の話し方が素敵でした。

この方の場合、話し方がヘタだと周りから言われて、気にしすぎていることのほうが問題だと思い、とにかく話を聞かせてもらうことにしました。

話を聞いているうちに、「ちゃんと、話さなくてはいけない」「ちゃんと、役目を果たさなくてはいけない」「ちゃんと、仕事をやり遂げなくてはいけない」と、「ちゃんと」という言葉が何十回も出てきました。

周りからのプレッシャーが、こんな言葉になって口から出てきたんだと思います。その方を心から応援する気持ちで、ひと通り話を聞かせていただきました。すると、気持ちがラクになったのか、曇っていた表情がやわらかい笑顔になりました。

周りからマイナスのことばかり言われ、大切な仕事を前に落ち込んでいましたが、研修後は「これでいいんだ」と、自分に自信を持てたようです。

その後、本番も無事に終わったと伺いました。

私の話し方講座では、いちばん最初に参加者全員に、1分間の自己紹介をやってもらっています。目的は3つあります。

①自分を参加者全員に知ってもらう

②自分が人から、どんなふうに見られているのか確認する

③自信を持ってもらう

それぞれ自己紹介が終わったあと、1枚の紙に話した人の雰囲気や話し方、声の感じなど、その人の印象を書いてもらいます。

条件は、その人のマイナス面を書かないこと。いい部分を具体的に褒めてあげるのです。たとえば、笑顔が優しい。声が癒し系で、聞いていると安心する。話がわかりやすい。言葉がハッキリしていて聞きやすい、といった感じです。

それと、「この部分をもう少しこうすると、もっとよくなりますよ」ということを、最後にひとつだけ書いてもらいます。マイナスを指摘するのではなく、気になる部分のアドバイスのような感じです。

このメモは無記名で書いてもらうので、書くほうも思った通りに書くことができ、気楽です。

参加者が30人だった場合、自分以外の29人からフィードバックをもらうことができます。このメモを全員の自己紹介が終わったあと、一斉に読んでもらいます。

参加者は、誰もが自分のいい部分が書かれたメモを、ニヤニヤしながら読んでいます。

自分ではわからない、強みに気づくからです。中には、自分のことをいつもネガティブに捉えて過小評価していたけれど、自信につながった、と喜んでいる人もいます。

私は、このときのみんなの顔を見るのが大好きです。人から見た自分は、自分が思っているより案外いい感じで話していることに、みんなが気づく瞬間です。

フィードバックの目的は、マイナスをつついてプラスにがんばって変えようとするのではなく、自分のいいところに気づいてもらって、話すことに自信を持ってもらうことがポイントです。

自分で勝手にマイナスと思っていたことが、人から見ると、強みだったりします。

人前で話すときの自分の強み。あなたも、周りの人たちから聞いてみてください。プレゼン時の自分らしい見せ方や伝え方がわかり、勝手に自分を縛っていた思い込みから自分を解放することができます。

5 自分のペースで話せば、「間」も怖くない！

新しい番組が始まると、番組宣伝のため、地元の新聞社や雑誌社から取材を受けることがあります。今でこそ相手の目を見て普通に受け答えができていると思いますが、若い頃は大変でした。

話がジャンプ！　ジャンプ！　ジャンプ！　聞かれてもいないことを、自分勝手にどんどんしゃべりまくるし、話している答えはピントはずれ。脈絡のない話ばかりがあちこちに飛びまくっていました。おまけに目はくるくる泳ぐし、体もゆらゆら揺れて、緊張度が半端じゃありませんでした。

相手の記者の方は、「めんどくさいな〜、こんなヤツが番組でちゃんとしゃべれるの？」、きっとそんなふうに思っていたはずです。今、思い出しても恥ずかしいのですが、そんな

会話中にふと言葉が途切れて、沈黙の間ができるとき、「天使のお通り」なんて言ったりします。

でも、天使が何人通っても大丈夫！　話がジャンプしても、「間」を埋めるために変に焦ったりしないことです。

それでは次章から、自信を生む「伝わる話」プレゼンのコツを、具体的に見ていきましょう。

2 章

本番がうまくいく空気をつくる！「第一印象」のルール

1 プレゼンは第一印象で決まる！

以前、歌手の五木ひろしさんに、インタビューをしたときのこと。場所は、ホテル25階のスウィートルーム。ゲストは演歌界の大御所です。

ドアの向こうにご本人が……と思うと、ドアをノックする手が震えていました。

「おはようございます！　福井県人会です！」

私がこのあいさつをした途端、五木さんとこんな会話が続きました。

「え～！　福井なの？　福井のどこ～？」

「福井市内です」
「じゃ、都会だね」
「福井は、どこも同じですよ」

自分でも意外な展開でした。初めてお会いしたのに、こんなふうに温かい会話になるとは思ってもいませんでした。ここから、緊張していた気持ちも少しずつ落ち着いてきました。

私は、五木さんと同じ福井県の出身です。故郷が同じという共通の話題があったせいか、五木さんに本番でもノッて話してもらうことができ、他の番組では話していないようなことを、たくさん話してくださいました。それもずっと笑顔で。

新しいネタを話してもらえることは、仕事冥利につきます。この日は、最初の空気づくりの大切さを改めて感じました。

実は当日、どんなふうに部屋に入っていこうか、あらかじめ考えておいたのです。県人会を強調して、言い方も、思いきりハイトーンの大きな声で明るくいこうと。私なりの演

出です。

もちろん、その前にしっかり準備をしてから臨んだということもあります。

新曲を何回も聴く。作詞・作曲は誰なのか。新曲が出来上がるまでの、エピソードをできる限り調べる。音楽以外の、仕事内容も具体的に知る。ご本人の最近の話題をチェックする。他に、これまでのヒット曲や受賞歴も確認しました。

就活をしている学生が、これから受けようと思う会社の企業研究をするのと同じです。

事前に下調べや準備をしておくと、気持ちに余裕ができます。ゲストへの興味も、たくさん湧いてきます。聞きたい質問もたくさん浮かびます。

でも、**どんなに時間をかけて準備をしても、インタビューがうまくいくかどうかは最初が肝心**なのです。

最初の空気づくりがうまくいかないと、自分自身がぎこちなくなって緊張したりします。同じことを2回も聞いたり、聞かなくちゃいけないことを聞けずに終わったり。

だから、私がインタビューの準備を進めるときは、頭の入りのあいさつをどうしようか、いつも考えるようにしています。

研修で、時々こんな相談を受けることがあります。

「圧迫感のある人の前で、仕事の説明をするのは至難の技。反射的に身構えてしまう自分を奮い立たせようと必死になり、プレゼンがうまくいきません。どうしたらいいのでしょうか？」

こんな悩みは、誰もが経験していることなのではないでしょうか。

人は誰でも、「よーい、スタート」「初めまして」のほんのわずかな時間に、相手から印象を決められてしまいます。しかも、自分が気づかないところで。

好きか嫌いか、心から話をしたい人だと思ってもらえるかどうか。信頼できる人かどうか。楽しそうな人かどうか。「この人と一緒に仕事をしたい」と思ってもらえるかどうか。短い時間で相手から判断されています。

仕事の入り口で話がはずむと、あとの話もスムーズに進めることができます。この時点で仕事の8割以上が決まる、と言っても過言ではないでしょう。

出身県が一緒。お互いの住んでいる場所が近い。趣味や出身校が同じ、など。話題の共

通項を探したり、相手に興味を持つことができると、心の温度が同じになり、思いは必ずちゃんと伝わるものです。

そのためには、まず、出会って最初の空気をどんなふうにつくるか、が大事です。当たり前のことですが、きちんと目を合わせて、明るく、元気にあいさつをすること。

この当たり前の大切なことが、自分ではちゃんとやっているつもりなのに相手に伝わっていないことが、実は多々あります。

このことは、プレゼンでも、営業や販売、窓口業務など、どんな仕事でも同じです。

第一印象は、二度とつくることができません。あなたは、相手から好意的な印象で見られていますか？　第一印象で損をしていないでしょうか？

本章では、プレゼンの成功を左右する、第一印象づくりについてお伝えします。

2

「自分の話し方」をチェックする

あなたは、いつもの自分が、人からどんなふうに見られているのか、意識したことがありますか？

声や話し方、表情、話しているときの雰囲気など、自分が思っている自分と、他人が感じている自分は案外違っているものです。

人から見られている自分を知ると、伝え方が変わります。人が感じている自分を知ると、相手の立場に立って、何を、どんな感じで伝えたらいいのかがわかるようになります。

仕事中、上司からこんなふうに聞かれることってありませんか？

「この前、頼んでおいた仕事の件、どうなってるかな？」

「しまった、まだできていない」という場合。同じことでも、カチンと癇にさわる言い方をする人、ストレートでキツい言い方をする人、斜に構え腕組みをして、エラそうに言う人など、さまざまです。ましてや、大きな強い声で責めるように言われたりすると、言われたほうは思いきり凹みます。

逆に、きちんと目を見ながら、優しいトーンで言われると、「すみません、まだできていないんです」と、素直に答えることができます。

同じことを言われても、素直に聞ける人と聞けない人がいるのはどうしてなんでしょうか？　その人の人柄や、付き合いの深さによっても違いますが、**自分でも気づかないうちに「話し方」「言い方」で損をしている人がいます**。そんな人は、無意識のうちに相手との間にバリアをつくっています。

ある日、私は買ったばかりのパソコンの調子が悪くて、サポートセンターに電話をしました。つながった先は、中国の大連。電話に出たオペレーターから、「お客様、申し訳ございません！」と、とても強い口調で言われてしまいました。現地の女性オペレーターです。

長い時間待ってようやくつながったと思ったのに、「それって、謝ったことになってないでしょ！」と最初は怒りを覚えたのですが、応対をよく聞いていると、彼女には一切、悪気はないのです。丁寧語も含め、正しい日本語は覚えているはずなのに、言い方を教わっていなかったのだと思います。

同じような経験は、自分の仕事中にもありました。15年間続いた、東海ラジオの「アマチンのラジオにおまかせ」というレギュラー番組では、当時リスナーからのコメントや話題を電話でも受け付けていました。毎日ほぼ2時間の生放送。かかってくる電話を、オペレータースタッフが受け付け、メモにまとめていました。

その内容をマイクに乗せてオンエアするのですが、オペレーターの女性の評判がとてもよかったのです。彼女たちはいつでもどんなときでも、電話をかけてくるすべての人たちに、やわらかい声と態度、笑顔で接していました。だから、毎日たくさんの電話がかかってきました。

特に電話だと声だけなので、声のトーンや、言い方の強弱で、その人の物腰がそのままストレートに伝わってきます。

直接会って話す場合は、これらのことに合わせ、相手の目を見て笑顔で話す、ジェスチャーを入れるといったことをすると、同じことを言っても、さらに言葉が相手に届きます。

「こういった基本的なことは、頭の中ではわかっていたけど、ぜんぜんできていなかった」

「たったこれだけのことで、プレゼンで仕事につながることが増えた」

研修先では、こんな成果の報告を受けています。

話す内容はもちろん大切ですが、コミュニケーションの9割以上は、話し方、言い方で決まります。人からどんなふうに見られているのか、たまには自分自身に鏡を向けてみてください。

3

「自分の声」をチェックする

「私は職業柄、つい小さな声で話すことがクセになっています。仕事で大きな声を出さなくてはいけないときもありますが、いつも声が小さくなっているようです。どうしたらいいのでしょうか？」

こんな悩みで、講座に参加されたのは泌尿器科の先生でした。診察室では患者さん同士の距離が近いため、診療内容が漏れないように、いつも声を潜めて話しているそうです。しかし、いざ学会発表というときに、大きな声が出なくて困っているとのことでした。

そこで、少し時間をかけてトレーニングをしたのです。しばらくして声がしっかり出せるようになると、先生に笑顔が出て明るくなりました。

仕事の場面によっては、大きな声・小さな声で話さなくてはいけないときがあります。

普段、話す声は大きいのに、いざプレゼンやスピーチになると声が通りにくい。小声で話しているのに、ナイショ話がバレてしまう。声が小さすぎて、言っていることがわかりにくい。いろんなタイプの人がいます。

あなたは、お店でメニューを注文するとき、「二度聞き」されたことってありませんか？ そんな方は、ひょっとしたら、声が通りにくいタイプかもしれません。

滑舌や発音のこともありますが、しっかり声が通りボリュームが出るようになると、話の内容もより伝わりやすくなります。と、同時に相手からの印象がガラリと変わります。

人前で話す機会が少ないと、自分の声を意識することはあまりないかもしれませんが、特に声は、相手に大きなインパクトを与えます。

「あなたは、自分の声が好きですか？」

こんな質問をすると、ほとんどの人が「なんか好きじゃない」。こんなふうに答えます。

自分の声を苦手に思っている人が多いようです。せっかく、いい声を持っているのにもったいない、と私はいつも思います。
録音した自分の声を聞いてみると、まるで他人の声を聞いているような気分になります。まずは、他人が感じている自分の声が、どんなイメージなのか、スマホやICレコーダーなどで、ぜひ録音して聞いてみてください。

変な声……。たいていの人が、最初はガッカリします。私も、自分の声を初めて聞いたとき、こんな声で番組で話されたらイヤだな、私はこの仕事に向いていないな、と思ったものです。

もしかすると、声だけでなく、話し方や口グセまで気になってしまうかもしれません。そんなふうに感じたら、逆にしめたもの。自分で自分への、フィードバックです。

自分の声を何度も聞いて、まずは自分の声に慣れてください。聞いているうちに、自分の声がどんどん好きになります。

研修先で、発声練習をした人がこんなことを言っていました。
「普段、プレゼンでマイクを使っても、自分の声が聞き取りにくい感じがしていました。

他社とは違う自社の新商品のアピールをしているのに、声が届かなくては意味がないと感じました」

世の中、悪声の人はいません。澄んだきれいな声ばかりが、いい声とは限らないからです。

声が届かないと、どんなにいいことを言っても自分の思いが伝わらないどころか、相手をイライラさせてしまいます。声が出るようになると、不思議なことに気持ちが前向きになります。説得力のある声の出し方については、6章でお伝えしますね。

4

「真顔を笑顔」にしよう

「よう！　いい女！」

アメリカのある女優さんは、毎朝自分が映る鏡に向かって、こんなふうに声をかけているそうです。自分の笑顔を自分で褒めて、テンションを上げているんですね。

アメリカの役者は、どうやったら自分の印象度を高めることができるか、真剣に笑顔の練習をすると言われています。人が感じる、自分の笑顔の大切さを知っているからです。

あなたは自分の顔の表情が、人からどんなふうに見られているか、考えたことがありますか？

意識していそうでしていないのが、自分の笑顔。

人と話をしていて、相手が無表情だったりすると、落ち込みそうになるときってありますよね。それは、自分の表情にも言えること。ましてや笑顔のつもりなのに、相手からは無表情だと思われていたら、自分の気づかないところで損をしているということです。

仕事の話でも、大勢の人の前で話すときも、中に無表情な人がひとり入っていると、全体のテンションが下がったりします。表情は伝染するものなのです。

プレゼンをするときは、できたら能天気なくらい、明るい表情をしていたほうが絶対におトクです。

私はいつも講座に参加する人たちに「笑顔でいきましょう！」と言っています。みんな、**人前に立った2〜3秒くらいは笑顔でなんとかがんばるのですが、あとはすぐに「素」の表情に戻ってしまう**のです。

笑顔は最高のコミュニケーションです。人は誰でも、いい笑顔の人と一緒に仕事がしたいと思っています。

自然でいい笑顔をつくるために、私は講座の中でこんなワークをやっています。

この1週間、自分の日常でうれしかったこと、楽しかったことを3つ、話してもらうワークです。1週間のことを思い出すことができなかったら、昨日、今日のことでも大丈夫。仕事やプライベートで楽しかったこと3つを、ペアを組んだ相手に1分間で話します。聞き手は、必ず笑顔で「あいづち」を打つようにします。

たとえば、

①昨日、上司から仕事で褒められ、うれしかった
②カラオケで93点を取ることができて、楽しかった
③子供がテストで１００点を取ってきた

こんな簡単なことでＯＫ！

楽しいことやうれしいことを人に伝えるとき、誰もが幸せそうな顔で話しています。怒りながら話している人は誰もいません。**真顔が笑顔になっている**のです。

いつもポジティブなことを考えていると、脳が喜びを感じます。それが、自分の表情と

なって表われます。

夜ベッドに入ったら、このワークを実際に声に出してやってみてください。頭の中で思っているだけではダメです。実際に口に出して言うことで、楽しさやうれしさが自分の頭の中で反復され、幸せ感が何倍にもふくらみます。

「今日、うれしかったこと、楽しかったこと3つ！」
「打ち合わせで本社に行ったら、美人の加藤さんに会った。やった〜‼」
「いつも行列ができているお店のおいしいパスタを食べた。ラッキー‼」
「前から欲しかった時計が手に入った。超うれしい‼」

うれしかった、楽しかったことを口に出すだけで笑顔で眠ることができます。

朝起きて眉間に縦ジワができている人は、寝ている間、きっとネガティブなことを考えていたから。うまくいかなかった仕事の話や、今日あったイヤな話など。自分のマイナスの部分を、引っ張り出しながら眠りについているのかもしれません。

「笑顔は一日にしてならず」。

笑顔は、あなたの価値を9割増しにします。「真顔が笑顔」の人には、たくさんの情報や人が集まってきます。表情が損な人にならないように、普段からできるだけ明るい人の側にいるようにしましょう。

あなた自身の印象が、根本から変わってきます。

ちなみに、いくら笑顔がよくても、見栄えの印象がよくなければ台なしです。

あなたの着ているスーツは清潔ですか？　シャツに汗染みはありませんか？　靴はすり減っていませんか？　髪や体、臭っていませんか？　ほんの小さなことですが、自分で気づいていない場合が意外と多いのです。

清潔感も、プレゼンのひとつです。

通りがかりの人だったらその場だけで終わりますが、プレゼンは同じ空間で過ごす時間が長くなります。どんなにプレゼンの内容はよくても、自分の身の回りのことをきちんとできない人と仕事でお付き合いしたくない、と思われてしまうのはとても損ですよね。

5

あいさつの声のトーンを変える

初めての場所でプレゼンをするとき、初めての人と会うとき、「あいさつのトーン」ひとつであなたの印象が変わります。

たとえば、

「おはようございます」

というように、2音目のトーンを上げるように少し意識して言ってみてください。もちろん、あいさつに合わせ、笑顔を添えるようにします。

実際に、声に出してやってみましょう。

自分でも、ちょっとやりすぎかな？　と思うくらいトーンを上げるのがコツです。
本章1項でお伝えした、五木ひろしさんのインタビューでも、このあいさつでいきました。「なんか元気なヤツがやってきたな」と、少し関心を持ってもらうことができたのでは、と思います。

2音目のトーンを少し上げるだけで、いつものあいさつが変わります。

明るいあいさつは、相手のことも自分のこともごきげんにします。その後の話の展開が、うれしい方向へ向かっていきます。

多くの人は、いつもの自分のあいさつが、人にどんなふうに伝わっているのかを考えたことがありません。でも、どんなあいさつも、ちゃんと相手に伝わっていないと意味がありませんよね。

「おはよっす」

「おはようござ～……（語尾が小さい）」

こんな感じのあいさつは、きっと相手の顔も見ていないはず。

少し意識するだけで、自分の行動も、相手への伝わり方も変わるから不思議です。

特に、初めて会う人とのあいさつは、誰でも緊張するものです。

そんなときは、先に言ったほうがトクです。「あなたのことに関心がありますよ」という自分の意思表示を先に示せば、最初は怖そうと思った人でも、グッと気持ちを近づけてくれます。


放送の仕事では、朝以外でも「おはようございます」とあいさつをしますが、廊下で知らない人と会っても、とにかく大きな声であいさつをします。先にあいさつをしたもの勝ちです。

実際、「君の元気なあいさつが、気に入ったよ」とクライアントから言われ、プレゼンで仕事を勝ち取った人もいます。

あいさつは、プレゼン成功の入り口。まずは明るい空気を自らつくって、第一印象をアップしましょう。

6

1枚の名刺をきっかけに「場の雰囲気」をつくる

話す準備がどんなに完璧にできていても、当日集まる人数や会場、場の雰囲気に負けそうになるときがあります。プレゼンの仕事が大きければ大きいほど、役職の高い人や集まってくる関係者の数が多くなったりするからです。

私はいつも少し早目に出かけて、担当の人とできるだけたくさんのコミュニケーションを取るようにしています。

自分にとって相手先はアウェーな場所。大勢の中で、自分だけがポツリと部外者ということもあります。心臓のドキドキが自分で聞こえるくらい、気持ち的に不安な状況です。

そんな場面では、自分から積極的に空気をつくっていかないと、相手に呑み込まれてしまい、プレゼンどころではなくなってしまいます。

本番がうまくいく空気をつくるカギのひとつとして、「名刺交換」があります。

受け取った名刺の話題から、話しやすい空気をつくる方法です。

名刺を見ながら、

「お名前、どんなふうにお読みするんですか？」

「名刀《なち》和也《かずや》です」

「名刀《なち》さんですか！　珍しいお名前ですね」

「残念ながら、名刀（めいとう）ではないんですよ」

「これは1本取られましたね！　どちらのご出身なんですか？」

「はい、親が沖縄の出身でして」

「沖縄いいですね。じゃあ、沖縄にもしょっちゅうお出かけされるんですね」

「そうなんですよ。年に何回かは行っています」


このように、最初の「珍しいお名前ですね」のひと言から、どんどん話が広がっていきます。

自分の名前は、**世界中でいちばん響きのいい固有名詞**だと言われています。特に、〝名刀さん〟の部分を、声のトーンを少し高めに強調して言ってみてください。

毎回、珍しい名前の人が現われるとは限りませんが、1枚の名刺の中には、話すヒントや、きっかけが必ずあります。

会社のロゴマークや色、名刺のデザイン、文字の大きさ。御社の商品をいつも使っている、同じ会社に知り合いや友人が勧めている……など。

ポイントは、1枚の名刺をヒントに、相手を「主体」にして質問をしてみることです。

そこから、相手先の会社の状況や最新のニュースを取り込むこともできます。

中には、名刺を忘れてくる人もいます。そんなときは、「お名前を忘れてしまうといけないので、メモしてもいいですか？」と、手帳に相手の人の名前を書くようにします。たとえば、どんな漢字を書くのかなどを尋ねながら、教えてもらうのもよいでしょう。

不思議なことに、文字の綴りを教わりながら書くだけで、意外なコミュニケーションにつながったりします。ほんのちょっとしたことで場が盛り上がり、空気が温まるはずです。

ちなみに、あなたが今持っている名刺は、会社から渡されているもの1種類だけですか？会社の名刺は、わりとシンプルで味気ないものが多いですよね。書いてあるのは企業名と役職、部署、連絡先ぐらい。重要な取引先でない限り、後で見ても、誰だったかうっかり忘れられてしまうこともあります。

そこで、あなたを印象づける、もう1枚の名刺をつくるのもオススメです。趣味やボランティア、サークル活動など、仕事以外に取り組んでいる「只今活動中」のものがあると、話のネタになりますよね。似顔絵や写真を入れたり、デザインや色を凝ったものにすれば、仕事以外の「もうひとりのあなた」を感じてもらえるでしょう。

ある印刷業の人は、右端に大きな5円玉が立体的に浮き出る加工を施した、楽しい名刺を持っていました。「ご縁（5円）がありますように」との意味だそうです。この1枚の名刺から、コミュニケーションが増え、実際に仕事につながっているようです。

個性の強い「**セカンド名刺**」をもらったら、相手も「初めまして、どうぞよろしくお願いします」だけですませることができなくなります。きっと会話が広がるはずです。

7

人の記憶に残る自己紹介5つのポイント

「○○さん！　いやぁ、この前は、どうもありがとうございました！」

街の中でバッタリ出会った人から、こんなふうにあいさつをされたとき、「あれ、誰だっけ？　名前がさっぱり思い出せない。名刺交換は、一度しているはずだけど……。とりあえず、適当に話を合わせなきゃ」という経験、誰でも一度はありますよね。

かなり焦ってしまうシチュエーションですが、逆にこんなふうに声をかけられたあなたは、相手から認識されているということです。

一度しか会っていないのに、名前をしっかり覚えていてもらえる人。2〜3回会っているはずなのに、毎回「初めまして」と言われてしまう、印象の薄い人。この差は、どうして出てしまうのでしょう？

仕事で会った人とは、できるだけ長いお付き合いをしたいものです。名前も含め、自分のことは覚えておいてもらいたいですよね。

そこで、ポイントとなるのが自己紹介の方法です。いくらいいプレゼンができても、自分や自分の会社・商品を覚えてもらわなければ、意味がありません。

また、自己紹介で空気を温め、心の温度を一緒にすることができれば、本番のプレゼンも落ち着いて話すことができますし、聞き手にも納得してもらいやすくなります。

あなたは、初めて会った人に、どんなふうに自己紹介をしていますか?

右の耳から左の耳へす〜っと抜けてしまう、「ただの人」で終わってしまうような自己紹介では、次の仕事はなかなかやってきません。短時間で自分の「人となり」をアピールして、信頼感を持ってもらうことが大切です。

ここでは、通りいっぺんのあいさつで終わらない、相手の心にいい「ひっかかり」を残す自己紹介の小さな演出について、お教えしましょう。

そのポイントは5つ。

①自分の名前は、商品であり看板と心得る
②名前の漢字を説明する
③自分の強みを嫌みなく伝える
④自分にキャッチフレーズをつける
⑤弱点を見せる

以下、それぞれ説明していきますね。

①自分の名前は、商品であり看板と心得る

最初に名乗る大切な自分の名前。

「△△株式会社の○○です」

大きな声でゆっくり言いましょう。

そんなの当たり前じゃん！　と思いましたか？　でも、これが意外にも、聞き取りにくい人が多いんです。相手は「え？　なんていう名前？」、あなたの自己紹介をそんなふう

に感じています。

自分の名前は、商品であり看板です。軽く扱ってはいけません。

特に、姓と名は少し「間」を空けて話したほうが、より伝わりやすくなります。こんな感じです。

「森本◇曜子です」

◇の部分は、ほんのまばたきをするくらいの瞬間。たったこれだけのことで、あなたの名前が相手の耳にすっと届きます。

差し出された名刺を見れば、その人の名前は当然わかります。ですが、さらに名前をハッキリ伝えることで、相手の目と耳に自分のことを焼きつけることができます。

②名前の漢字を説明する

自分を伝えるには、記憶に残る言い方が大切です。くり返しになりますが、名前は覚えてもらわないと、自己紹介の意味がありません。

たとえば、漢字の説明を少し入れるだけでも、相手から関心の持たれ方が変わります。

「平田《へいでん》◇和泉《いずみ》です。
ヒラタと書いて、〝へ・い・で・ん〟と読みます。ちょっと珍しい読み方をします。
名前のいずみは、ワタミの〝和〟に水が湧き出る〝泉〟と書きます。
平らな田んぼで、和の泉が湧いていると覚えてください。
平田和泉です。よろしくお願いします」

ワタミの和。居酒屋好きにはおなじみの名前。聞いた人にはあの見なれた看板が目に浮かぶはず。

この漢字の説明で、あなたの名前が相手の頭の中に鮮やかにイメージされるはずです。

電話で伝えるときでも、あなたの声と合わせ、ずっと耳に残る名前になります。

そして、最後にもう一度「平田《へいでん》◇和泉《いずみ》です」と名前を言って締めるのもポイントです。

最初と最後に2回名前を言うことで、念押しで覚えてもらうことができます。

③自分の強みを嫌みなく伝える

自己紹介は、「自己PR」でもあります。

自分が、どんな強みを持っているのか、自分と付き合ってもらうことで、相手の仕事のどんなことに役に立てるのか、ポイントを端的に話せるようにしておくと、初めて会った人でも仕事を頼みたい気持ちになります。

私が客員教授を務めている、大学のキャリアセンターでの話です。ある大学生が就活のグループ面接で、「PCのブラインドタッチで、1秒間に7文字打てる」と自己紹介しました。すると、面接官からの質問が彼女に集中したそうです。

他の学生は、自分の長所と短所をただ淡々と話していたんだとか。彼女は、事務職志望の学生です。相手に寄り添うアピールに関心を持ってもらうことができ、見事内定を得ることができました。

自分の強みと相手企業が望んでいるニーズとが、うまくマッチした自己紹介です。

④自分にキャッチフレーズをつける

「ひとのときを、想う。JT」

「愛は食卓にある。（キューピー）」

「♪ココロも満タンに、コスモ石油♪」

毎日テレビから流れてくる、各社のCM。それぞれのキャッチフレーズが、とても印象的でずっと心に残ります。もしこれがなかったら企業名も商品名も、それほどインパクトを残すことができないかもしれませんね。

自己紹介も同じこと。あなた自身も商品です。

パーティやちょっとした集まりでも、自己紹介が何人も続くと、誰が誰だかわからなくなってしまいます。ユニークなキャッチフレーズをつくって、初めて会った取引先の人の心をつかんじゃいましょう。

「自分の名前＋自分の特徴」を、短いキャッチコピーやフレーズで伝えます。

「スーパー・ポジティブ思考の営業マン、○○です」

「考えていることは、いつもお客様のこと。足腰の強い○○です」

「できないことよりも、できることを考える○○です」

人の耳に留まりやすい、プラスαのキャッチフレーズ。自分のやる気度やアピール感が伝わり、いい仕事も人も引き寄せます。

⑤弱点を見せる

自己紹介は、それぞれの業界での仕事や懇親会など、人が集まればイヤでもついてきます。自分の強みを伝えることもアピールの方法ですが、弱みを見せるのも人からの関心を引くやり方です。

「プレゼンで、よく噛んでしまう○○です」
「よく電車の乗り間違いをする、○○です」
「身長が150㎝しかないいんですよ。大きくなりたかった○○です」

あまりへりくだるのも嫌みになってしまいますが、こんな「下から目線」のキャッチフレーズなら、好意を持たれると思います。

弱いところを出したほうが、相手からも目線を揃えてもらうことができます。弱点やドジ話を伝えて、好感度を上げる。自分に注目を集める、ちょっとしたコツです。

自己紹介も、時と場合によって、ほんのひと言ですませなくてはいけないとき、時間に余裕があって、たっぷり話せるとき、とさまざまです。

相手や場面によって使い分けができるように、時間の長さでパターンをつくっておくと、いざというときにあわてなくてすみます。

8

雑談で空気を集める

「空気をつくる」と聞くと、自分が必死にその場を盛り上げるムードメーカーになったり、テンションを上げて、おもしろい話をしなくてはいけない、と思いがちです。

でも実際は、これからの本番のことだけで頭がいっぱいで、なかなかそんな余裕はありませんよね。特に初めてのクライアントや初めての場所でのプレゼンでは、あらかじめ考えていた雰囲気と違ったりして、なおさらです。

気が張り詰めている状態は、相手にも敏感に伝わるものです。妙に緊張しすぎてしまうと、経験不足に思われて損ですね。人は頼りなさそうな人より、どんと構えた人に仕事を頼みたいと思うものです。

まずは、相手に会ったときのとっかかりの会話が大切です。どんなことでもいいので、あいさつの後にちょっとした言葉を足してみましょう。

「こんにちは、今日は暑いですね」
「こんにちは、この辺りは緑が多くてホッとしますね」
「こんにちは、地元の高校が甲子園出場ですか？　すごいですね」

雑談が苦手という人も多いですが、こんな話題だったら、誰にでも気軽に相手に話しかけることができますね。季節の話、相手方の地域の話、今ニュースで話題になっていること。**ネタは身の回りに、たくさん転がっています。**

口ベタを気にすることもありません。相手も答えやすいし、話がそこで止まって、お互いに気まずい「間」ができることもありません。

私がラジオパーソナリティとして番組でゲストを迎えるときも、軽めの雑談をたくさんするようにしています。

歌手やタレントさん、俳優がゲストの場合は、

「今度の新曲、心にじ～んときますね」

「いつも、圧倒的に存在感のある役柄が多いですね」

「この仕事をやっていてよかったなと思うのは、どんなときですか？」

自分が感じたことや聞いてみたいことを、そのまま伝えます。すると、相手も話に乗って、自分のこだわりや仕事の話をしてくれる人もいます。

逆に、「そのペン使いやすそうですね。どこで買ったんですか？」と、自分が使っているペンに興味を持たれて、お店の地図まで書いてゲストに渡したりすることもあります。

素直な気づきや、簡単な質問をしたりすることは、「あなたに関心がありますよ！」という思いを示すことでもあります。相手もきっと悪い気はしないはず。相手に関心を持つことで、なんでもない雑談から話がやけに盛り上がったりするものです。

世の中には、大事な話とそうじゃない話。この2種類しかありません。

プレゼンが大事な話だとしたら、それ以外は言ってみれば、ほとんど雑談です。プレゼンが成功するかどうかは、このなんでもなさそうな雑談にかかっていると言っても過言ではないのです。

雑談と言ったって、何を話したらいいのかわからない、話題のつくり方が思い浮かばない、ムダな話をして中身のない人と思われないか……。そんなふうに考えている人が多いようです。

でも、とにかく、どんな話題でもいいんです。売り切れ続出で大人気の日本酒の話。クライアント先の勤務時間や、建物が建っている地域のおもしろそうな話など。

できる営業マンは、得意先での話の8割が雑談だなんて言われたりします。もちろん時と場合にもよると思いますが、いきなり「これがおすすめの商品です」「この商品、買ってください」と言われても、人はなじみのない他人から物を買いたくはないですよね。

ある放送局の有能な営業マンKさんに同行して、クライアント先に、番組のスポンサー

としてCM契約の依頼でプレゼンをしに行ったときの話です。

話題は、クライアントが飼っている愛犬のことでもちきり。彼は、相手の目を見て、笑顔で適度にあいづちを打ちながら話を聞いていました。

雑談がしばらく続き、いつ仕事の話をするのかな？　と思っていたら、Kさんが最後にひと言。

「じゃあ、今度のCMはいつからにしましょうか？」

すると、最初はCMを入れようかどうしようか迷っていたクライアントが、二つ返事でOKをしたのです。


雑談は車のハンドルと同じです。「遊び」の部分があるから、いきなり急ハンドルを切ってもどこにもぶつからずにすみます。

本番前の空気をほぐして、**相手の気持ちに「遊び」の部分をつくっておく**。これは、自分自身の気持ちの余裕をつくることにもつながります。


余談ですが、ある一流の飲料会社の社長は、「雑談は大切な時間である」と全社員に雑談を奨励しているそうです。雑談をすることで、社内の空気の流れがよくなり、各部門同士の情報交換もスムーズになって、仕事の効率も上がっているとのことでした。

何気ない雑談で場の空気をつくり、相手先から好意を持たれる人は、雑談のネタを持っている人。場をつかむネタの仕入れ方については、5章で詳しくお伝えします。

9 自分のことを話してみる

初めて会う人に、最初から自分のことをオープンに話せる人と、そうでない人、人には、2つのタイプがあるような気がします。

特に、「初めまして」の人に、個人的なことを話すのは仕事上あまりよくないのでは……と、思ったりしていませんか？

でも、それでお互いにわかり合えて、仕事も信頼を呼び、思っていた以上に早く進むことがあります。自分の話をすると、相手からの受け入れ態勢のスピードが速くなります。あっという間に「さあ、いらっしゃいモード」に切り替わります。

私が行なっている大学の授業では、グループワークで「ラジオ5分番組」をつくっています。1チーム、7~8人のグループに分かれて作業をします。番組にはCMも入れるので、どのグループもまるで本物のオンエアのように聞こえる、いい出来上がりになります。各グループごとに、ディレクター、DJ、企画・構成、編集、台本、音楽、その他、それぞれの役割を決めて作業を進めます。

ワークでは、初めて顔を合わせる学生がいます。大学の同学年だけど、初めて会うので最初はお互いに緊張して会話も少なめです。目も合わせにくいし、ちょっとよそよそしかったりもします。

番組づくりは、メンバーのチームワークが大切。お互いをよく知っていい空気ができないと、いい感じの番組をつくることはできません。だから、まず雰囲気づくりから始めるようにしています。この部分がとても大切だと思っています。

グループ決めをしてすぐに、それぞれの自己紹介をやってもらいます。名前、誕生日、自分の住んでいるところ、趣味やマイブームなど。とにかく自分のことを1分間、どんどん話してもらいます。1分間は一見短そうですが、自分のことを伝えるにはけっこう使える時間です。

初めはどのチームもかたかった空気が、自己紹介が進んでいくにつれて、どんどん笑顔も広がり、和やかになっていきます。徐々に笑いも起こり、冗談を言う人も増えてきます。

いちばんの狙いは、相手を知ることでお互いに溶け込むのが早くなり、チームワークづくりがうまくいくこと。これから作業をしていく上での、コミュニケーションがとりやすくなることです。

お互いに少しずつなじんでくると、うまく話せない人には、グループのメンバーが質問をして手助けをしています。

「兄弟は何人なの？」

「今、アルバイトしているの？」

「部活は何をやっているの？」

このプロセスは、社会人でも同じです。「**ザイアンスの法則**」という言葉を、聞いたことがありますか？　人は相手を知れば知るほど、お互いの距離が近くなります。相手の人間的な側面を見ると、もっと相手のことが好きになります。恋愛感情とまったく同じです。

逆に、相手がどんな人かわからないと、不安や恐れ、よそよそしさを感じて、コミュニケーションがうまくいかなかったりします。仕事も前に進みません。

自分のことをベールにくるんでしまうと、「どんな人かな？　よくわからない人だな？」なんて、勝手に距離感を持たれてしまいます。そして時間が経てば経つほど、相手に近づきにくくなります。

最初に自己開示をしておくと、自分でも少し気がラクになります。最初に自分のことを話すチャンスを逃してしまうと、どんどん話しにくくなったりするものです。

私も以前は自分のことを、うまく話すことができないほうでした。「仕事で初めて会った人に、自分のことを話すなんて失礼なのでは」と思っていたからです。

ところが、まず自分のことを話しておくと、そこから広がる話題も多いし、その後の人と人とのつながりも濃くなっていきます。

このことは、スピーチやプレゼンなど、人前で話をするときも同じです。ほんのひと言、自分のことを話すだけで、聞く人の態度も好意的になります。自分を知ってもらえると、相手からの共感度も上がります。

初対面のときに、自分のことを勇気を持って少しだけでも話してみることで、プレゼン成功の確率はぐんと高まるはずですよ。

3 章

相手の納得度が高まる!「話し方」のルール

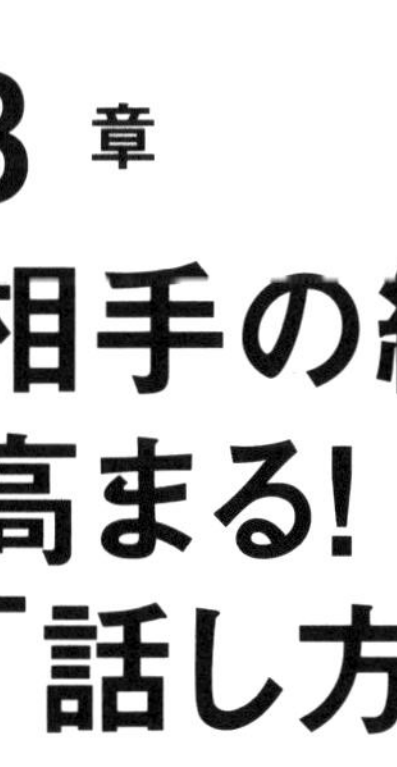

1 数字を上手に使う

「伝わる」プレゼンにするためには、相手から「へ〜」「なるほど」「そうなんだ」と、納得・共感してもらうことが必要です。そのとき、相手の立場に立って話をするかどうか。これで伝わり方が大きく変わります。

「伝わる」プレゼンにしようと思うだけで、言葉の使い方や表現の仕方も自然に変わってきます。たとえば、数字を使って具体的に話す、専門用語はできるだけ使わないようにする……といったことなどです。

本章では、相手の納得・共感を得るための話し方のコツをご紹介します。

まずは、数字を使って具体的に話すコツです。

「週に2日、仕事で大学に出かけています。最寄り駅近くになると、いつも電車の窓から、たくさんの電柱が見えてきます。なんだろうと思ったら、電気のメンテナンス会社が、新入社員の配電線工事の訓練用に使っている電柱だそうです。全部で60本。すごい！　こんなにまとまって電柱が立っているのを見るのは初めてです。

電柱の高さは16メートル。正方形の四角い場所に、コンクリートの高い林が空に向かってそびえている感じです。こんな風景、見たことのある人いますか？　初めて見ると、『なんだ、これ!?』と、ちょっと興奮します。

誰かが登っているのを1回見てみたいなと思うんですけど、残念ながらまだないんですよ。ちなみに120人近くの新入社員が、毎年ここで訓練を受けているそうですよ」

これは、私が電車の窓からいつも見ている、なじみの光景です。このことをプレゼンの枕で話したとします。もし、話の中に電柱の本数や高さが入っていなかったとしたら、話を聞いている人から、

「電柱は何本ぐらいあるの？」

「高さはどれくらい？」

「何人くらいの人が訓練をしているの？」

そんな質問をされそうです。

話をするとき、「いつ」「誰が」「どこで」「なぜ」「どのように」「何をした」という、「5W2H」は意識して伝えようとする人が多いのですが、案外忘れがちなのが数字です。**具体的な数字が入らないと、話が抽象的で、何が言いたいのか、わかりにくくなってしまいます。**

数字が入ると「へぇ、そうなんだ」と、話により説得力が出てきます。プレゼンで説明をするときは、意識的に数字を入れましょう。

とは言っても、数字をやたら出しまくっても、聞き手の頭の中が混乱しますので、注意が必要です。

たとえば、

「日本の人口に関して、こんな発表があります。2026年には、人口が1億2000万

人を下回るそうです。そして2060年には、とうとう1億人を割って、9913万人となります。その後人口はどんどん減り続け、2072年には8674万人になると推計されているそうです。

2015年の人口が1億2660万人ですから、56年後には現在の3926万人も減ってしまうんですね。これは大変なことです。今から何か対策を考えておいたほうがよさそうです」（※内閣府『平成26年版高齢社会白書（全体版）』を参照）

話す立場や聞き手の対象にもよりますが、ここまで数字がたくさん入ると、話がややこしくなってしまいます。聞いているほうは、だんだん興味が薄れてしまいそうな気がします。

時と場合にもよりますが、**数字を出しまくれば伝わるわけではありません**。何かの資料から引っ張り出してきただけの数字を使っても、ただ並べて話すだけでは説得力にはつながりません。

やたらに数字を並べるのではなく、いちばん伝えたいポイントだけを、数字で表わしてみる。自分でも納得して伝えているかどうかが大切です。

2 専門用語はできるだけ使わない

「今まで社員に福祉制度の変更や、セミナー研修の説明をするとき、意識して小難しい言い方をするようにしていました。そのほうが社員から尊敬してもらえると思っていたから。でも研修を受けてみて、自分が勘違いをしていることがよくわかりました」

ある企業での研修後、人事を担当している方がこんなことを言っていました。

よくわかるような気がします。他の人にはわかりにくい専門用語を使いまくると、「仕事ができる人なんだ。やっぱり頭もいいし、専門家は違うな」という目で見られる。彼に限らず、そんなふうに思われたい気持ちって、誰にでも多少はありますよね。

注意しなければならないのは、普段、自分が仕事で使っている言葉は、あくまでも会社内や仲間同士でしか通用しない、ということ。

社内では誰でもわかっている日常語。これを社外のプレゼンや人前で使うと、今、何て言ったのかな？　なんだか難しすぎてよくわからない、もう少し嚙み砕いて話してほしい……などと思われたりすることが多々あります。

そんな言葉が次々に続くと、もう何を言っているのかさっぱりわからない。最終的には、興味すらなくなってしまうこともあります。

逆に言うと、**難しいことを相手にわかりやすく話すと、人から尊敬されたり慕われたりします**。普段、自分がどんな言葉を使っているのか、少し考えてみましょう。

特に専門分野が違う人に対して話をするときは、専門用語はできるだけ使わないようにしたほうがよさそうです。

以前、私の母校である福井の小学校で、「声を出す仕事にはどんなものがあるか」について授業をしたことがあります。6年生の子供たちにできるだけわかりやすいように、自分が普段使っている仕事用語はちゃんと説明をしていたつもり。なのに、子供たちが途中

で何回か、キョトンとすることがありました。こういうのって空気感でわかります。

やっぱり、私の身にしみついた専門用語を使っていたみたいです。たとえば、「帯番組」とか、「時間が押す」「フェードイン・フェードアウト」といったような放送業界の用語。今どき、こんな言葉は、業界が違っても誰が聞いてもわかる、という思い込みが私の中にあったのでしょう。

でも、相手は小学生。大人だって、一度耳慣れない言葉でひっかかると、頭の中に「?」マークが点灯してしまいます。

この「?」マークが点滅を始めると、別の話に移っても、なかなか集中して聞いてもらうことができません。「さっきの言葉はどういう意味なんだろう?」と、そちらにばかり関心がいってしまいます。これでは、時間を使って話をする意味がありませんよね。

あなたの業界で、普段当たり前だと思って使っている言葉。他の人が聞いたら、「え?今、何て言ったの?」という表現がたくさんあるかもしれません。

やわらかく嚙み砕いた言葉で話すことを意識すると、「なんて話のうまい人!」、そんな称賛の声があちこちから聞こえてきそうです。

3

1分間で伝えるプレゼンの型

「鈴木君、来週の会議で使う資料の件、どうなってるかな?」

会社のエレベーターの中で、たまたま上司と乗り合わせたとき、いきなり聞かれたら、焦りますよね。頭の中が真っ白になって何にも答えることができない……なんてことになったら、仕事の評価も下がってしまいます。

大切な話をするときは、話すパターン（型）を身につけておくと、とてもラクです。社内外での会議や、企画、商品説明でも自分の考え方を、すぐにまとめることができます。

ここでは、「**1分間で話す型**」をご紹介しましょう。

上司への報告やちょっとした連絡事項などを、エレベーターに乗ってから目的階まで着

くまでの限られた時間に、コンパクトにまとめて話すことを「エレベーター・トーク」といいます。

時間の目安は、1分間。**1分間で自分の意見をきちんと伝えることができたら、あなたの評価は格段に上がります。**

でも、実はこの1分間が割とクセモノ。自分では、1分間で話しているつもりが、長々と話してしまいがちです。しかも、報告している内容はぐちゃぐちゃ。

「あいつは、何が言いたいのか、よくわからない」

「いつも報告がもどかしい」

知らず知らずのうちに、そんな評価を受けたりしています。そういうのって、すごく残念ですよね。

話は時間が短ければ短いほど、ポイントを絞らなくてはいけません。普段から自分の考えや思いを、1分間できちんと伝えられるようにしておきましょう。これができると、いざというときにとても便利です。

1分間は短そうで長い、長そうで短い。でも、ちょっとした報告をするには十分な時間です。テレビCMも1分間あると、かなりの情報量です。

1分間で話をまとめるには、「**PREP法**」という型を覚えておくと便利です。
PREP法とは、次の流れで話を構成するテクニックです。

Point（結論）
Reason（理由）
Example（具体例）
Point（結論）

たとえば、化粧品会社における企画説明の場合は、次のような構成になります。

●**P（結論）**：まず「結論」を先に話します。

「課長、オールインワン化粧品は新しい企画として、これからどんどん売れる商品になると思います」

●**R（理由）**：次にその「理由」を話します。

「なぜかと言いますと、この商品はひとつで化粧水や美容液、乳液、化粧下地の役割を担っているので、忙しい今の女性にとって手間いらずの化粧品だと思われるからです」

●**E（具体例）**：理由の根底となる「具体例」を話します。

「これまで女性は、何種類もの基礎化粧品を使っていました。でもこれだとひとつですむので、朝の忙しい時間でも手間をかけず簡単に化粧をすることができます。これだと女性だけではなく、肌を気にしている若い男性にも使ってもらえそうです」

●**P（結論）**：もう一度「結論」を言って話を締めます。

「ですから課長、オールインワン化粧品は新しい企画として、これからどんどん期待できる商品であると考えます」

これを比較的ゆっくりめに話すと、時間にすればだいたい1分弱。具体的な話をもう少しふくらませれば、より具体的に伝わります。さらに、**最後に2〜3秒間くらいの「間」を持つ**ことで、上司へ余裕を持って伝えることができます。

このＰＲＥＰ法を使って、忙しい得意先に「1分だけ時間をください！」と電話をかけた営業マンがいます。

話を聞いた相手先は、「今日の君の話は、すごくわかりやすかった。協力するよ！」と言ってくれたそうです。おかげで彼は、あと少し届かなかった月予算を達成することができました。

これまでポイントが捉えにくい話し方しかできなかった彼にとって、まさに目からウロコの体験だったと喜んでいました。

たった1分間で、伝えられることはたくさんあります。大事なのは、普段から考えたことを口に出して話してみることです。練習をしておかないと、いきなり話すのは難しいですよね。

4 話のポイントを3つに絞る

「君の話は、いつもダラダラしてまとまりがなく、わかりにくいね。ちゃんとポイントを絞って話しなさい」

上司からいつもこんなふうに言われているのは、製造メーカーに勤めているGさん。

仕事の状況を聞かれると、「それはですね……」から始まり、説明するのに時間がかかって上司の機嫌を損ねています。Gさん自身も自分で何を話しているのか、だんだんわからなくなってしまい、悩んでいます。

あれもこれも盛り込みすぎると、話の方向性がバラバラになってよくわかりません。

着ているジャケット、シャツやパンツ。それぞれのパーツごとに素晴らしいブランドを身につけているのに、トータルで見るとどこかチグハグな感じ。色やデザイン、素材などトーンをどこかで統一すると、もっとスッキリしてオシャレな感じになるのに……。そんなことって、ありますよね。

話し方も同じことが言えます。自分が言いたいことを、たくさん盛り込んでただしゃべりまくったから、話がスッキリ伝わるわけではありません。

説得力のある話し方をするには、ポイントを絞ったほうがずっと伝わりやすくなります。特にプレゼンでは、ポイントを**3つに絞る**ことをおすすめしています。

3つというのは人の頭に入りやすく、また比較的、記憶に残りやすい数なのです。聞いている人の頭の中も、整理しやすくなります。

ポイントを3つに絞るときの会話の型は、こんな感じです。

①3つのポイントを話す
②それぞれの具体的な説明
③3つのポイントを話す（締め）

具体的な会話で見ていきましょう。

①3つのポイントを話す

まず最初に、3つのポイントを伝えます。

「今日は〝健康的な過ごし方〟について、お伝えします。大切なことは3つです。まず『しっかり食べること』、2つ目は『よく寝ること』、3つ目は『体を、よく動かすこと』です」

②それぞれの具体的な説明

そのあと、その内容に関することを具体的に伝えます。

❶「『しっかり食べること』はとても大切です。

まず朝ごはんをしっかり食べること。脳のエネルギーはブドウ糖からできています。朝

ごはんを食べると、集中力が増え、仕事の効率がよくなります」

❷「『よく寝ること』で脳や体を休ませることができます。

今、日本人の睡眠時間が、どんどん減っています。皆さん、質のいい睡眠をたっぷり取りましょう。集中力が高まり、やる気度効果も高まります」

❸「『体を動かすこと』も健康には欠かせません。

筋力が強くなり、思わぬケガをすることも少なくなります。若いうちからスポーツを生活に取り入れてルーティンにしておくと、ずっと健康的に暮らすことができます」

③3つのポイントを話す（締め）

最後の締めで、自分の言いたいことをもう一度印象づけます。

「今日は、健康に関して大切なこと。『しっかり食べること』『よく寝ること』『体を、いつも動かすこと』。以上、3つのことを話しました」

この「**ポイント＋具体例とその根拠＋ポイント**」の会話の型を「サンドイッチ方式」と呼びます。

ポイントをまず先に言うことで、相手の「聞く姿勢」の準備ができ、次に話す具体的な説明がより理解しやすくなります。そして、締めに再び、ポイントをくり返すことで、相手の記憶に残りやすいプレゼンとなるのです。

型を覚えて、普段から使い慣れておくと、いざというときにも焦らずに、落ち着いて自分の思いを話すことができます。朝礼での3分間スピーチや、講演など長く話をするときでも使うことができて便利です。

ただし、ここでやってはいけないことがあります。それは、**その場の思いつきで、説明に枝葉をつけてしまう**こと。

3つは簡単だからと思い、油断するのは禁物です。ただポイントを3つ話せばいい、というわけではないのです。

「いや〜、私も健康のために最近ジムへ行っているんですけど、帰りはつい飲みすぎてしまって……」

せっかくスッキリ話が進んでいたのに、延々と自分の話をして、また元のダラダラ話に戻ってしまっては元も子もありません。

余談は、最後にちょっと付け加えるくらいにしたほうが、聞き手も、大切な話と補足の話をメリハリを持って聞き入れることができます。

5 質問してみる

せっかくプレゼンをするのなら、「あの人、こんなふうに話しておもしろかったよね」と思われたほうがいいですよね。

話を聞くほうはイスに座っているだけなので、ただ普通に聞いていると、飽きてしまいます。「もうそろそろ外へ出たいな」「いつ終わるのかな」、そんなふうに思う人が増えてくると、会場の空気がざわざわしてしまいます。

そういうときに効果的なのが、「**質問話法**」です。

質問話法は、自分がただ一方的に話すのではなく、聞き手に時々質問をしながら話を進めていく話し方の型です。

聞き手に質問を投げかけることで、自分への注意を引いたり、相手の参加意識を高めたり、同じ空間を共有することができます。何より、相手を飽きさせることがありません。

質問話法には、次の3つのやり方があります。

①全体に質問を投げかける
②個別に質問をする
③レトリック質問

以下、それぞれについて説明していきます。

①全体に質問を投げかける

「今、インフルエンザが流行っていますが、皆さんは大丈夫ですか？」

会場にいる人全員に質問をします。特に聞き手に答えを求めるわけではありませんが、こんな問いかけをされると、ほとんどの人が「自分はインフルエンザにかかっていなくてよかった」「周りでもかかっている人、多いもんな。気をつけよう」とか、それぞれの頭の中で答えます。

この質問では、特定の人に対して答えを求めているわけではないので、それぞれの答えはバラバラです。でも、同じ質問について参加者全員が考えることで、なんとなく同じ空気を共有している気分が高まり、気持ちを通い合わせることができます。

②個別に質問をする

「山田さん、家から会社まで何を使って通っていますか？」

会場の中の、個人に向けて質問をしています。

聞かれた質問に、山田さんは「電車で通っています」とか「車です」と答えるはずです。

この場合、答えたのは山田さんですが、その場にいる人たちも同じように質問された気分になります。質疑応答をした山田さんはもちろん、プレゼンターと参加者全員の距離が近く感じることができます。

なお、個別に質問をするときは、聞かれたほうにとって簡単に答えることができる内容にするのがポイントです。

ややこしくて難しい質問をしないこと。あとで恥をかかされた気分になるような質問は決してしないことです。これは最低限のルールです。

③レトリック質問

「皆さん、自分の部下を成長させるにはどうしたらいいと思いますか？」
「それは、部下の実績を褒めて認めることです」

レトリック質問とは、相手に少しだけ考えさせるように仕向けるやり方です。自分から全部話してしまうよりも、質問を投げかけて聞き手に答えを考えてもらうことがポイントです。

答えは初めからプレゼンター自身が用意しているのですが、聞き手に質問して考えてもらうことで、参加意識が生まれ、相手が納得する率が高くなります。

また、答えはプレゼンする側が話すので、それほどプレッシャーをかけずに、相手に少

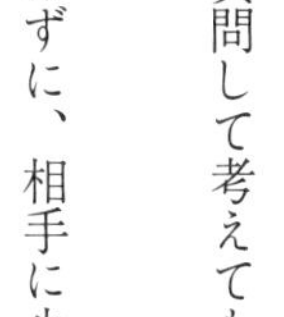

しだけ緊張感を与えることができます。

もし、これが「自分の部下を成長させるには、部下の実績を褒めて認めることが大事です」と初めから答えを自分でしゃべっていたら、相手の納得度は違う結果になっていたかもしれません。


以上、質問話法の型を3つ、ご紹介しました。

質問には、ハッキリした答えを求める質問、場をつかむための質問など、いろいろな質問のやり方があります。うまく使い分けて、一緒に参加している人の気持ちを盛り上げてください。


大事なのは、いずれも**話している側と聞く側との双方向での会話**であるということ。

プレゼンでは、目の前に聞き手が座っています。質問スキルを使いながら話を進めていくと、自分からただ一方的に話すよりも、聞き手の関心を集めることができます。

何より会場にいる人たちが、「一緒に参加している」という気持ちを実感することができます。

自動車メーカーに勤めるNさんは、これまで自分が話すことに精いっぱいで、質問話法を使う余裕も意識もありませんでした。

私の講座でその効果を知り、おそるおそる使ってみたところ、聞き手の注目を一心に集めることができ、いい反応を感じることができたそうです。今ではこれを使わない手はない、と話しています。

6 ただ突っ立って話しているだけではNG！

原稿を棒読みしている人の顔を見ると、ひたすら原稿に目を落として無表情で話している人が多いように思います。一方、手ぶらで話している人は、身ぶり手ぶりも入って表情が豊かです。

少し前の話になりますが、2020年の東京オリンピック開催を決めたプレゼンテーション。登場した日本人のプレゼンター全員が、全身を使ってジェスチャーたっぷりで話していました。

安倍首相も滝川クリステルさんも皆、そうでした。両手を広げたり指をさしてみたり。ジェスチャーを、あんなにめいっぱい使って話す日本人の姿は初めて見たような気がします。しかもプレゼンターが満面の笑顔で話していて、「ぜひ、東京でオリンピックを」という熱意と強い思いが伝わってきました。

あのとき、もしただ突っ立ったままで話をしていたら、開催地の決定権を持っている人たちの心を動かすことはできなかったのではないでしょうか。

ジェスチャーが入ると、いかに言葉が伝わりやすくなるか。テレビを見て改めて実感した人も多かったのではと思います。

言葉をただたくさん使って話すから伝わるのではなく、言葉以外のことが自分の思いをたくさん届けてくれます。自分が思っている以上に割増しで伝えてくれます。

身ぶりや手ぶりひとつで、自分が伝えようとしていることの、**行間や奥行きまで上手に表現することができる**のです。

たとえば、社長が朝礼で、「皆さん、これから全社員一丸となってがんばっていきましょう！」と突っ立ったまま話しても、聞いている社員はあまりやる気も出ませんよね。

このとき社長が、両手でコブシを握り、「皆さん、がんばりましょう！」と言ったらどうでしょうか？　社員は「社長、真剣だな。よし、自分たちもがんばろう」と、自然に気

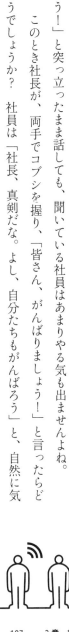

合が入るものですよね。

話を伝えるのは、言葉だけではありません。「言葉以外」のものが、自分の思いをたくさん伝えています。これは「ノンバーバル・コミュニケーション」と言われている部分です。

逆に言えば、顔の表情、目線、顔つき、目つき、声、態度といったものから、相手に正直に伝わってしまいます。言葉以外の部分が、伝えることの93％を占めるとも言われています（メラビアンの法則）。

特に人前で話をするとき、ジェスチャーが入ることで話がふくらんだり、聞いている人の頭の中によりイメージが広がったりすることがあります。

たとえば、旅行に出かけて「富士山を1周してきました。赤や黄色の紅葉がとても鮮やかでした」と話すとき、そのまま話すよりも1周してきましたと言いながら、手を振って回るジェスチャーをすれば、なんとなく雰囲気が出ますよね。

また、**ジェスチャーを意識して使うことで、自分の表情をつくる**ことができます。

がんばってジェスチャーを使おうと思うと、最初は自分でもなんだかぎこちない感じがしますが、これも慣れてくると自然な感じになり、自分のプレゼン・スタイルが出来上がってきます。

研修でもジェスチャーが身についたことで、自分に自信ができたと話している人がたくさんいます。そして、クライアントからの納得度も変わってきたと話しています。

日本語はボキャブラリーが多いので、身ぶり手ぶりを使わなくても、普段は自分の思いがだいたい通じます。でも、人前で話すときはジェスチャーをテクニックとして身につけておくと、自信があるように見え、堂々とした印象を与えることができます。

人前で話すとき、身ぶり手ぶりを意識をしてやってみてください。あなたのプレゼンが今日から変わりますよ。

7 ものを見せながら話す

「私の手帳は、いつもこんな感じで真っ黒です。忙しくしていないと、なんだか落ち着かないいんですよ。貧乏暇なし、です」

講座でのスピーチで、手にした自分の手帳を見せながら話をするMさん。聞いている人の目が一気に彼女の手許に集まります。

彼女は、夕食材料を全国に宅配する会社のオーナー。スピーチのとき、いつも手に何かを持って話をします。

地元外郭団体での役職も多く、こんな場をたくさん経験している彼女。言葉だけで話すよりも、何か目に見えるものがあったほうがリアルで、伝わりやすいことをよく知っているからです。

話の中に出てくるものを実際に目にすると、「へ～、そうなんだ」と感じでわかりやすいですし、話の内容にも興味を持ってもらうことができます。ただ口だけで説明するよりも、目に見えるビジュアル要素があると、話に現実感が出てきますよね。


テレビでお天気を伝えている、気象予報士の森朗さんも楽しい工夫をしています。

綿でつくった白い雲や、立体的な手づくりの天気図を動かしながら、これからの天気の動きを説明しています。今どき、CGを使えば、見せる材料は簡単にできてしまうはず。なのに手づくりで見せられると、森さんの一生懸命さや熱心な気持ちが届いてきます。

ビジュアルづくりは、パワーポイントよりもはるかに時間がかかりそうです。でも、つくっているときに、どんなふうにしたら聞いている人に納得してもらえるかな？　低気圧と高気圧は、色分けをもっとハッキリさせたほうがわかりやすいかも？　など、「伝えたい」という思いが届くからこそ、見ているほうもおもしろそう！　話を聞きたい！　という気持ちになるのです。

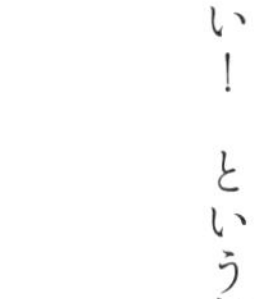

自分の話をできるだけわかってもらいたいと思っている人には、Mさんのようにいろいろな工夫があるように思います。

私も司会や研修で相手先に伺ったとき、相手先の掲示板や受付に置いてあるチラシや案内情報を、できるだけ見るようにしています。事前の情報収集です。

その中におもしろそうなイベントがあると、チラシを1枚借りておきます。本番でそのチラシを見せながら、

「皆さんの会社では、もうじきこんな楽しいイベントがあるんですね。私もぜひ参加してみたいです」

こんなふうに話をします。

参加者たちは、イベントのことをとっくに知っているので、手にチラシをかざして話すだけでも、「うちの会社のことをよく知っているな」と、親近感を持ってもらうことができます。この温度感がとても大切だと思っています。

パワーポイントの資料をつくることには一生懸命になっても、こうしたことには、意外

と気づかなかったりします。
見せるビジュアルは、小さなディスプレイのようなものでもＯＫです。マジックや筆を使ってフリップをつくってみてもいいでしょう。手書きで見た目はスマートではなくても、思いが伝わります。

「今日、こちらに来る途中で、こんなかわいい花を見つけましたよ。もうこんな季節なんですね」

と、先方に伺う途中で見つけた、地面にこぼれ落ちていた花一輪を見せるだけで、十分相手にインパクトを与えられます。
ビジュアルは、口で言うことプラス１００倍、ものを言います。目に映った情景は、相手の耳に入った情報の鮮度をぐんと上げてくれます。印象に残る何かを見せることで、きっと、あなたのプレゼンは後々まで、参加者の目と耳に強烈に残るはずです。

8 聞き手の心が動くスピーチの技術

人前で話す場面として、スピーチがありますね。スピーチも、プレゼンのひとつです。パーティや式典で、スピーチが何人も続いて、「自分が話そうと思っていたことを前の人に先に言われちゃった！　どうしよう！」と、困ったことってありませんか？

祝宴だと、主役の人に向けたお祝いの言葉は、たいていお決まりの褒め言葉。あとから登場する自分は、今さら何を話したらいいのかわからない……。

こんなとき、どんな話をしたら、聞き手の胸にコツリと〝小さな感動のくさび〟を打ち込むことができるでしょうか？

スピーチは、先に話したほうが他の人とネタもかぶらないし、聞き手にも集中して聞いてもらうことができます。順番が最後のほうで、自分が話そうと思っていたことと同じことを直前の人に言われてしまったら、もう大変。何か別のことを話さなくちゃいけないと思うあまり、頭の中がグルグルして焦りますよね。焦れば焦るほど、話すことが頭に浮かばなくなってしまいます。

こればかりは主催者のせいではありませんし、スピーチが始まってみないと他の人が何を話すのか内容はわかりません。

そんなことが絶対に起こらない、他の人とかぶらない、しかも伝わるスピーチのコツをお教えしましょう。

伝わるスピーチのポイントとしては、まず、**儀礼的な話をしない**ことです。

たとえば、

「本日は、受賞おめでとうございます。これも、佐藤さんのこれまでのご努力の結果と日頃のご精進の賜物と存じ、心からお祝いを申し上げます。こんな高い席から、私のような者がごあいさつを申し上げるのもはなはだ失礼と存じますが……はなはだ粗辞ではございますが、ひと言ごあいさつを申し述べさせていただいた次第でございます」

これでは、ちょっとまどろっこしいですよね。

それよりも、「佐藤さん、今日は受賞おめでとうございます」というひと言の後、すぐに本題に入ったほうがスッキリします。

お祝いのスピーチは、何より、主役である本人に心からの温かいお祝いの気持ちを伝えることが目的です。そのためには自分だけが知っている、本人の素顔や、日常の話、仕事の裏話をすると、とても温かいスピーチになります。

スピーチ成功のコツとしては、**本人に取材をする**こと。取材というとなんだか大げさですが、仕事で本人に直接会ったときや、事前に電話で雑談っぽく、さりげない感じで話を聞いておくのがいいと思います。

たとえば、近所のニワトリよりも早く毎朝5時半に起きて、家の周りを50分走っていること。1日の始まりが大切だと思っているので、自分の大好きな勝負カラーの赤いウェアで走っていたら近所の犬に吠えられたこと。朝食は、奥さん手づくりの柚子のマーマレードでいつも健康を保っていること。

なんでもない話かもしれませんが、事前に引き出しておくと、当日のスピーチがキラリと光ります。自分だけが知っている「小ネタ」を付け加えることで、パーティの主役との日頃のつながりや、いい感じの距離感をさりげなく伝えることができます。

自分だけが知っている本人の話をちょっと披露するだけで相手を立てることができ、結果的に自分を光らせることができます。

そういえば先日、褒章を受章したある人の記念パーティでのこと。こんなスピーチをした人がいました。


「今井さんは、奥様と結婚をされて40年になるそうです。ルビー婚式です。褒章受章と合わせ、今日は両方のお祝いですね。奥様とは、山田小学校からの同級生で、その頃から和くん、よしこちゃんと呼び合っていたそうです」

こんな何気ない話で、会場のお客様はほんわかと温かい空気に包まれました。

スピーチでは、誰でも主役の仕事の部分を褒めようとします。でも、たったひと言、プライベートの話をするだけで「場の空気の温度」が変わります。

人の心は感情で動きます。スピーチでもプレゼンでも、相手が何を話したら喜んでもらえるのか、うれしく感じてもらえるのか、ポイントはこれに尽きます。

4 章

緊張・焦りを乗り越える！「準備」のルール

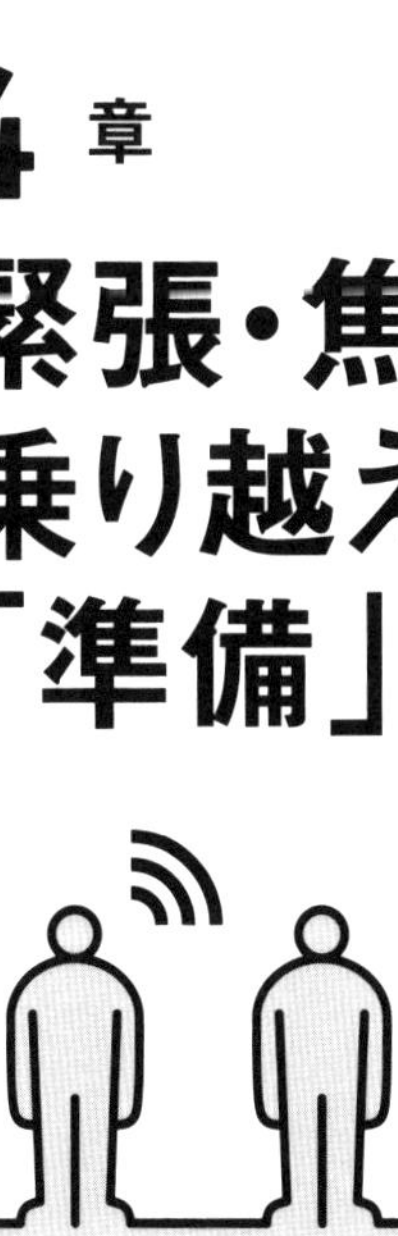

1

「伝わる」プレゼンは準備が9割！

ＩＴ関係の仕事をしている人が、研修でこんなことを言っていました。

「先日、社内で昇進試験がありました。その面接で、頭が真っ白になってしまい、何も話すことができませんでした。しゃべっても余計なことばかりで、面接担当者から何を言っているのかわからないと言われてしまいました。人前で話すといつも緊張してしまい、自分が自分でなくなってしまいます。緊張せずちゃんと話せる自分になりたいです」

こんな悩みは、彼だけでなく、誰でも一緒です。手足が震え、心臓はドキドキ、喉がカラカラになって、緊張している自分がわかるともっと緊張してしまう。

人前で話すときは、まず「失敗したらどうしよう」「頭が真っ白になったらどうしよう」と考えます。自分の昇進がかかっている面接だったら、なおさらですよね。もったいないのは、人前で話すことに緊張してしまい、普段の自分を出せないことです。

こんなふうになるのは、話がうまくいったときよりも、失敗したときの様子がまず頭に浮かんでしまうからです。

特に人前だと、大勢の人たちから一斉に見られているという、えも言われぬ不安が、自分の頭の中を覆ってしまうから。

でも、本書でくり返しお伝えしているように、そんな雰囲気をつくっているのは、実は自分自身なのです。

私の講座に参加している人たちも、ほとんど全員が口を揃えて緊張が怖いと言います。

よく、「人前で話すときは、かぼちゃ畑で話していると思え！」「河原の石コロに向かって話していると思え！」というようなことを言われます。でも、目の前にいる人たちは、かぼちゃでも石コロでもなく、目も鼻も口もついた人間です。なかなか、そうは思えないですよね。

プレゼンの緊張を乗り越えるためには、**事前準備がちゃんとできているかどうか**が大きなポイントになります。

話す内容を紙に書いて暗記する人。頭の中で、なんとなく話の構成を考えている人。自分はいつも慣れているからと、その場勝負でいきなりやってしまう人。いろんなタイプの人がいますが、**プレゼンは準備が9割**。準備しだいで、成功するかしないかが決まってしまいます。

原稿をつくったら、実際に声に出して話してみてください。声の大きさは、本番と同じボリュームにします。練習は一応するんだけど、ボソボソ話すだけ。こういう人は、ハッキリ言ってNG！　です。

本番と同じ声の大きさを出してこそ、ちゃんとした練習になります。ニュース・アナウンサーは、どんなにベテランでも、本番と同じ声の大きさでニュース原稿の下読みをします。舞台の役者さんも、本番とまったく同じ動きと声の大きさで稽古をします。

それと、もうひとつ大切なことは、**会場の大きさや集まる人たちの雰囲気をイメージし**

ながら練習をすることです。ただ壁に向かって話すだけでは、練習したことになりません。

私の研修先のメンバーも、場数をたくさん踏み、その場に慣れてくると緊張も少しずつ和らいできて、皆さん、堂々と話せるようになってきます。

練習はウソをつきません。ぜひ、あなたも本番をイメージした練習をしてください。

ちなみに私は本番前、自分に向かって「ｔｏｉ ｔｏｉ ｔｏｉ」と声をかけています。これはドイツのおまじないの言葉で、「絶対にうまくいくよ」という成功・幸運を祈る意味です。以前、テレビで見ていい言葉だなと思い、ずっと使っています。

自分自身に肯定的な言葉を投げかけると、どんなこともうまくいくものです。練習をくり返し、小さな成功体験を積み重ねてください。気がついたら人前で話すことが怖くなくなり、結果、仕事もうまくいくことでしょう。

本章では、ただ相手に伝えるのではなく、「伝わる」プレゼンをするための練習や、本番での実践のコツをお教えします。

2 原稿は読まずに話そう

手元に原稿があると、どんなときも安心ですよね。頭が真っ白になったり、話す内容を忘れてもいつでも見ることができるし、手元にあると思うだけで気持ちが落ち着きます。本番で必要がなくても、まさかのときの安心材料になります。

ただ、つい頼りすぎて、プレゼンの頭から最後まで原稿を読んでしまうことが少なくありません。そんなときは「話す」のではなく、「読む」になってしまうから、つい棒読みになってしまったりします。

さらには、本番で緊張していると、原稿のどこを読んでいるのか、その行を指で押さえていないとわからなくなることがあります。それがまた別の緊張を呼び寄せてしまうことにもなりかねません。

原稿に目がいきっぱなしなので、顔も当然、うつむき加減。正面から見えているのは、本人の頭とてっぺんくらい。顔が下を向きっぱなしだと、場の空気を下げることになっているかもしれません。

このことに気づいていないのは話している本人だけ。これでは、伝わるプレゼンとは言えません。

テレビの国会中継でも、ひたすら原稿を読んでいる大臣がいますね。書いてあることを間違わないように正確に読まなくてはいけない。そんな思いが強いからかもしれませんが、せっかくテレビに映っているのに、もったいないですよね。

プレゼンは、話の内容を自分のものにしておくことが大切です。ニュースのアナウンサーは、ニュース原稿の字面をただ読んでいるだけではありません。内容をしっかり自分のものにして届けています。だから、その内容が画面を通じてしっかり伝わってくるのです。

話す内容が自分のものになっていると、自身の言葉で届けることができますよね。そのためには、**自分流の原稿をつくり上げる**ことが大事なポイントになります。

そこで本項では、「自分が話しやすい」原稿のつくり方をご紹介しましょう。

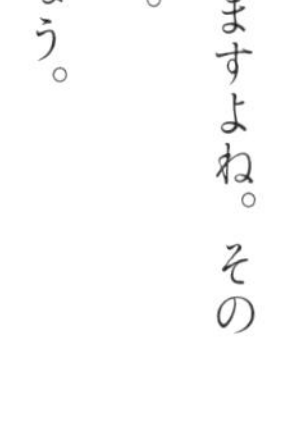

①声を出してしゃべりながら書く

実際にしゃべりながら書くと、聞き手にわかりやすく伝わる原稿に仕上がります。原稿を台本のように完璧につくろう、かしこまってちゃんと話そうと思うから、伝わらないのです。

原稿をつくるときは、特別あらたまらずに、普段通りの言葉でしゃべりながら書きましょう。そうすることで、自分が使い慣れた言い回しで話すことができ、個性も出るし、何より本番で気がラクになります。

また、練習をしてみて言いにくい部分は、自分の話しやすい言葉や言い回しに変えるようにしましょう。

ひょっとしたら、部下や他の部署の人が書いた原稿をベースにする場合もあるかもしれません。他の人が書いた文章は、「言い回し」や「てにをは」など、自分のしゃべりとは微妙な違いがあったりして、案外、違和感を感じたりするものです。言葉が借り物になってしまうと、聞いている人もしっくりきません。

何か口が回りにくいと思ったら、その原稿はあなたのものになっていないのかもしれません。練習のときから、自分で言いやすい言葉に変えておいてください。

②センテンスを短くする

原稿は書き言葉にはせず、短いセンテンスでつくったほうが、テンポやリズム感、メリハリが出て、話す方は話しやすく、聞くほうも聞きやすくなります（詳しくは本章6項）。

話を聞くほうは、耳だけで聞いています。センテンスが長くなると、主語や述語がどこにあるのかわかりにくくなってしまい、頭の中が混乱してしまうのです。

また、書き言葉だと、つい難しい言葉やかたい言葉が並びがち。かた苦しい言葉を使うと、聞き手との距離が遠くなってしまいます。

③接続詞をあまり使わない

話し言葉と、書き言葉は違います。書き言葉で文章をつくると、知らないうちに「そして」「なので」「しかし」といった接続詞を多く使ってしまいがちです。

接続詞は、話すときには特別意味のない言葉です。プレゼンの原稿は、余分な接続詞を原稿の文章から省くようにすると、本番で話しやすくなります。

私の場合、接続詞だけではなく、「○○で」「○○に」「○○を」「○○は」といった「てにをは」言葉も抜いた原稿を準備しています。

たとえば、結婚式での上司のスピーチ原稿。

❶「光太郎くん、芽衣さん、本日はご結婚おめでとうございます。そして、ご両家のご親族の皆さま、心からお祝いを申し上げます。私は、新郎光太郎くんの勤務先の上司にあたります佐藤と申します。
光太郎くんは、入社8年目の中堅社員として活躍しています。私は彼の新入社員当時から、彼とずっと仕事でお付き合いをさせていただいています。普段は寡黙なタイプですが、周りの社員から厚い信頼を受けています」

❷「光太郎くん／芽衣さん／本日／ご結婚／おめでとうございます
ご両家／ご親族／皆さま／心から／お祝い／申し上げます
私／新郎／光太郎くん／勤務先／上司／佐藤／申します

光太郎くん／入社／8年目／中堅社員／活躍！
私／彼の／新入社員／当時／彼ど／ずっと／仕事／お付き合いを
普段／寡黙／タイプ／周りの／社員／厚い／信頼／受けて／います」

❷のように接続詞と「てにをは」言葉抜きの原稿にすると、伝えたい大事なキーワードだけが、目に飛び込んできて、とても話しやすくなるのです。

少し応用編かもしれませんが、「脳と目と口」が一体化する感覚で、完璧な原稿を読むだけのプレゼンよりは、はるかに自然に、自分の言葉で話せるようになります。実際に声に出して練習を重ねましょう。

④プレゼンの頭とお尻部分だけでも暗記する

あれこれやってみても、ずっと顔を上げて話すことができない。緊張してどうしてもムリという人は、プレゼンの頭とお尻のしゃべりの部分だけでも暗記してみてください。

プレゼンの最初と最後に顔を上げて話すだけでも、聞き手の印象が変わります。聞いている人から「あの人は、ちゃんと自分の言葉で話している」と思ってもらえるはずです。

プレゼンの途中も、せめて数回は頭頂部だけでなく顔を上げて、笑顔を見せましょう。

⑤大事なことは2〜3回くり返して言う

文章を書くときは、できるだけ同じ言葉が重ならないように気をつけながら書くはずですが、大事な内容は2〜3回伝えましょう。

普通は、1回話せばそれだけでちゃんと伝えた気分になるものですよね。でも、話を聞いている人の耳は、案外、自分勝手。「このあと何を食べようかな?」「明日のゴルフは何を着ていこうかな?」「今晩は、誰と飲みに行こうかな?」……あなたの話に100%集中して聞いているわけではありません。ところどころ、聞き洩れているところもあるかもしれません。

大事な話は、くり返して伝えるようにする。プレゼンの原稿を書くときのちょっとしたコツです。ラジオ番組でも、何かの募集やイベントの日時・電話番号など大切なことは、必ず2回くり返して言うようにしています。くり返して話すことで、プレゼンの本番で、聞き手の耳をしっかりと確保することができますよ。

3

メモはサイズが大事

「ニュースをお伝えします。

今日から、札幌大通公園で『さっぽろ雪まつり』が始まりました。今年は、240万人の人出が見込まれています」


毎年2月になると、こんなニュースを耳にします。このとき、話題を伝えるキャスターやアナウンサーが、原稿の束を手でめくりながら読んでいたとしたら、ニュースの中身に、なんとなく信憑性や説得力を感じることができないと思いませんか？

両手を使って原稿をめくる動作も見苦しいし、紙をめくる音がガサゴソとマイクに入る。次のページにいくときに、妙な「間」も入ってしまいます。

伝えるキャスターも、「自分は雪まつりにあまり興味がないけど、仕事だからとりあえず伝えておく」といった無責任な印象になってしまいますよね。

もちろん、テレビでそんなキャスターやアナウンサーはいないし、見たこともありません。実際にはカメラのそばにある「プロンプター」というものを見ながら、顔も目線も視聴者のほうをしっかり見て話しています。だから内容が真実として伝わってきます。

プレゼンやスピーチでも、同じことが言えます。メモに話す内容を書いておくのはＯＫですが、そっちのほうばかりに目線がいってしまうと、聞き手の顔を見る回数が少なくなってしまいます。メモは、見ていないように話すのが伝わりやすい話し方です。

また、話を聞く側からすると、その人が手に持っているメモが、なんとなく気になるものです。しかし話す側の人は、手に持っている「メモのサイズ」を意識している人は、ほとんどいないように思います。

聞き手から手元が見えるようなプレゼンの場面では、メモはなるべく小さいサイズのほうが見た目もスッキリします。大きさは、できたら手のひらに入るくらいのもの。内容によっては、メモの表裏両面に書いておくと、片手ですばやくひっくり返すこともでき、便利です。

司会台や演台を使う場合には、聞く側に原稿が見えないので、A4サイズぐらいの大きさでも大丈夫です。ですが、上をホチキスなどでとめてしまうと、「ベローン」とした状態になるかもしれません。話し終えたものから順に、1枚ずつ横へスライドさせていきましょう。

でも、何かでまとめておかないと、本番前にページがどこかへ飛んでしまうこともあります。枚数が多くなるときは、メモにページ数を入れたり、クリアファイルに入れてバラバラにならないようにして、事前に念入りにチェックすると本番前にあわてずにすみます。

また、うっかりどこかに置き忘れて本番前にアタフタすることがないよう、肌身離さず持っていることが大切です。

とにかく**見た目も、演出のうち**。あなたの姿は、必ず誰かに見られています。こんな細かいことで聞き手の気持ちがさめてしまうと損です。

近々、プレゼンやスピーチの予定がある人は、メモの持ち方を少し意識してみてください。あなたの印象度が必ずアップします。

4 話す時間も「演出」のうち

「以上、簡単ではございますが……」

さんざん話したあげく、話の最後をこんな言い方でまとめる人。あなたの周りにいませんか？　長い話にアクビが出そうだったのに、最後のひと言でずるっとコケてしまいそうになります。

あるいは、「要するに」とか「結論から言いますと」と言いながら、話がまとまらない人。言いたいことを話しすぎて、時間がどんどん伸びていきます。

自分の思っていることを全部話そうとしている人は、時間のことや相手がどう思うかなど、ほとんど気にしていません。最初は緊張していたはずなのに、ノッてくるとつい話が横道にそれて、とんでもない方向に行ったりします。

話が散らかりすぎると、話の趣旨が読めず、また、話している本人も何を言いたかったのか途中でわからなくなってしまいます。多くの人が経験しているかもしれませんね。

でも、長時間、それを聞いている側はたまったものじゃありません。腕組みをする人が増えたり、中には目を閉じて聞いている人もいます。みんな、「あ〜あ、長いな」「早く終わってくれないかな」「いつまでしゃべるんだ」と、うんざりモードです。


時間も演出のうちです。必ず事前に練習しておきましょう。

本番では、どうしても時間が長くなってしまいがちです。練習では、早めに終える工夫をしたほうがよさそうです。

誰でも、自分の話をたっぷり聞いてほしい、自分をアピールしたいという気持ちを持っています。でも、話したいことを100%話しても、相手には伝わりません。話すほうと聞くほうの気持ちは離れていくばかりです。どんなことも伝わってこそ、です。

「伝えること」と「伝わること」は違います。話したから、すべて伝わるわけではありま

せん。

自分はどんな人たちに向かって話すのか。話のテーマは聞き手に合っているかどうか。場の空気を読めているかどうか。相手を主体に考えると、自然に時間のことも考えることができるようになります。

相手を主体にして話しているつもりでも、いつのまにか自分が主体になっていることがあります。こんな感じだと自分の思いは伝わりません。

なかには、自分が準備してきたことを時間がオーバーしても、全部話しきらないとしゃべった気がしない人もいます。この日のために調べものをしたり、データ分析をしたり、時間をかけて準備してきたのですから、その思いはよくわかります。

でも、それは自分の思いだけ。要は、聞き手にどんなふうに聞いてもらえるか、受け止めてもらえるかです。

料理でも、「もう少し食べたいな」というところで「ごちそうさま」をしたほうが、おいしさの余韻が残ります。プレゼンも同じで、「この人の話、もう少し聞きたかったな」という感じで終えたほうが、聞いている人の印象もよくなります。

私も新人の頃は、わざわざ時間も交通費も自分持ちでネタ探しに行ったんだから、体験してきた話や聞いてきた話は全部伝えたい！　話さなきゃ損！　とかまえていたときがありました。ラジオの生放送の中で、いつ話そうか、機会をうかがっていました。

今日話しておかないとネタが古くなっちゃうと思い、しゃべり始めようとしたとき、コンビを組んでいた天野鎮雄さんに止められてしまいました。そのときはわけがわからず、せっかく話そうとしているのにどうして止めるの？　という思いでした。

彼は、名古屋放送界の超ベテラン人気パーソナリティ。そんな話し方で、リスナーに伝わるわけがないということをちゃんとわかっていたのです。

伝えたいことは、**時間を決めて、コンパクトに伝えましょう**。

そのためには、事前に頭の中をまとめて、口に出して話す練習をすることです。何回かやっているうちに、3分でどれくらい話すことができるかなど、時間の感覚もわかるようになります。

ちなみに3分だと、文字数にして、だいたい1200文字（400字詰め原稿用紙3枚

分）くらいです。

話が長くなる場合は、始める前に**「今日は、10分くらい時間をいただきます」**と、事前に予告するのも方法のひとつです。そのほうが、聞くほうも〝心づもり〟をして聞くことができます。

映像を観てもらうときなどは、**「今から、6分間の映像を見ていただきます」**と事前アナウンスを入れます。このひと言が入るだけで、人は安心して聞く・見る姿勢になるものです。

自分が感じる時間と、相手が感じる時間の長さには案外ギャップがあるものです。「伝わる」プレゼンをめざすなら、「もっと聞きたかったな」くらいを心がけましょう。

5

15秒・30秒で伝えられる情報量を体感する

新規の大きな仕事を取らなくてはいけない、大切なプレゼン。発表が終わりに近づいた頃、言いたいことがまだいっぱいあるのに、時間が足りない。とにかく用意してきたことは、全部話し切らなきゃ。なんとか時間内に間に合うように焦って、早口で、必死になってしゃべりまくった。結果、相手に伝わらず、結局仕事に結びつかなかった……。

逆に、プレゼン途中で時間が余りすぎていることに気がついた。どうしよう？　でも、何を話したらいいのか、わからない。うまく話をつなげることができたら、もっと自社の商品をアピールできたはずなのに……。

そんな苦い経験をしている人は少なくないと思います。

本番の真っ最中、時間が余っても足りなくても、誰も助けてくれません。自分だけが頼りです。

でも、**プレゼンの時間感覚をつかむ**と、こんな不安も打ち消すことができます。

どのくらいの時間で、どれくらいの言葉を話すことができるのか、感覚として捉えておくと、本番での調整がやりやすくなります。

テレビやラジオでは毎日、さまざまなCMが流れてきますね。どのCMも、わかりやすい言葉と、短いフレーズで伝えています。限られたわずかな時間なのに、簡潔で人の心をつかむ内容も盛り込まれています。

タレントやアナウンサーは、時間内におさまるよう何度か取り直しをしながらCMを完成させています。放送局によってもいろいろですが、時間にすると、だいたい15秒、30秒などと決められています。BGMも含め、いろんな演出がある中、選ばれたキーワードが耳に飛び込んできます。

私は、研修中、新聞の「折り込みチラシ」を使った練習をしています。

具体的には、チラシの中の言葉を選んで、ＣＭのように15秒、30秒と時間を決めて話します。**限られた時間内に、どんな言葉を凝縮して話せるか**がポイントです。

時間が増えると、説明する言葉や情報量も当然、増えます。たった15秒増えるだけで、聞き手への伝わり方はぐっと深くなります。

試しに、毎朝新聞に折り込まれてくる「チラシ」を使って、それを実感してみてください。ここでは、「書道教室のチラシ」で練習してみましょう。

用意するものは、**チラシ、ストップウォッチ（スマホでもＯＫ）、メモ（Ａ４サイズ１枚）、ペン**、この4つだけ。

そして、チラシの言葉をピックアップして、ひとつの文章につないでいきます。

(1)メモに、チラシに書いてある「キーワード」を書き出す（太文字、色つきなど、強調して書いてある部分）

(2)メモに並んだ言葉を、文章にしてつないでいく（15秒、30秒単位）

(3)書き終わったら、内容を15秒、30秒で別々に分けて実際に声に出してみる

森本書道教室

❶ 美しい文字を書く人になろう。

❷ **無料体験受付中!**

❸ お子さまから大人の方まで、お気軽にご参加ください。

❹ **選べる4コース**

❶ペン習字　❷かきかた

❸筆ペン　❹毛筆

❺

生徒さんの体験談

・大きなハナマルをもらった(Wさん・小学生)

・毎週、授業が楽しみです(Tさん・中学生)

・感謝の気持ちをお客様に伝えられました(Aさん・30代・会社員)

・祝福の想いを込めて、美しく書けました(Oさん・60代・主婦)

❻ **ご質問、お問い合わせは➡**

0120-XXX-XXX／担当・田中まで

【15秒の場合】

①美しい文字を書く人になろう。
②森本書道教室では、ただいま無料体験受付中！
④お子さまから大人の方まで、皆さまお気軽にご参加ください。
⑥ご質問、お問い合わせは0120―×××―×××／担当・田中までどうぞ！

【30秒の場合】

①美しい文字を書く人になろう。
②森本書道教室では、ただいま無料体験受付中！
③コースは、選べる4コース　❶ペン習字　❷かきかた　❸筆ペン　❹毛筆
④お子さまから大人の方まで、皆さまお気軽にご参加ください。
⑤生徒さんからは、「大きなハナマルをもらった」「毎週、授業が楽しみです」とうれしい声が届いています。
⑥ご質問、お問い合わせは0120―×××―×××／担当・田中までどうぞ！

まとめた言葉を、こんなふうにピックアップします（□の部分は、15秒と比べて情報が増えた部分です）。

話しやすいよう、つなぎの言葉も足して（波線の部分）、ストップウォッチを片手に話してみてください。途中、間を空けてみたり、電話番号を2回言ったりすると、ちょうどの時間におさまります。

この練習をやってみると、たった15秒でこんなにも情報を伝えられることがわかるでしょう。例題では、わずか15秒加えただけで、受講者の体験談が伝わり、聞き手に親近感を持ってもらえるようになりました。

15秒、30秒は実際にテレビで流れているＣＭと同じ時間です。秒数が増えると、同時に情報量が増えていくのが実感できますね。

チラシ1枚の中には、選りすぐった言葉が随所に盛り込まれています。コピーライターやＣＭ企画担当者が、一生懸命コピーをひねり出しているからです。

新聞にたくさん折り込まれてくるチラシは、読者の目をいかにしてキャッチすることができるか、読み手の気を引くことができるか、クライアントがいちばん訴えたいことは何なのか、内容を一目瞭然でわかってもらえないと意味がありません。

チラシ1枚には、たったこれだけの大きさに、訴えたい情報と言葉が凝縮されています。だから、チラシで言葉の練習をする価値があるのです。

練習を続けると、同じ内容を話すにも、時間通りに話すために、どんな言葉を足し引きしていけばいいかが、つかめるようになります。

その他にもこんなことに気づくようになるでしょう。

- **自分のアピールポイントを短い言葉で的確に伝えることができる**
- **自分自身の伝えたい言葉の見つけ方がうまくなる**
- **相手に対する〝つかみ〟の取り方がわかるようになる**
- **キーワードのつなぎ方がわかるようになる**
- **自分の思いを端的な言葉で伝えることができる**

普段の生活の中では、こんな短い時間の感覚を意識することは、あまりないかもしれません。だからこそ、たった15秒、30秒でこんなにも話せるということを実感してほしいのです。

15秒、30秒で話す感覚がつかめれば、3分、5分の長さになっても、時間通りにムダなく話すことができるようになりますよ。

6 センテンスを短めにする

ファッション関係の仕事をしている私の友人が、自分の悩みについて人前でこんなふうに話しました。

①「私は、人前でもそうなんですけど、1対1で話をしたときに自分の欠点を直さなきゃいけないと感じて、それで最近、後輩の指導もよくしているんですけど、そこで自分がいちばん伝えたいことに関して『本当に？』という言葉をよく使うんですが、それを見ていた上司に『1回言えばわかるし、2回も3回も言わなくていいよ、くどい！』って言われて、やっぱりそれが直らなくて、それを直さなくちゃいけないのと、あと説明だったり説得力がぜんぜん足りないので、私は、たとえば10伝えたかったとしたら、いつも

相手に半分ぐらいしか伝わっていないと思っていて、10伝えるには時間がかかってしまうので、短い時間で10伝えるようになりたいと思います」

こんな感じだと、いったい何を言いたいのか、わからないですよね。いっぱいしゃべっているけれど、話の内容がぜんぜん届かない。どうして、そんなふうに感じられるのでしょうか?

話は、時間にすると1分弱ぐらい。この1分間のしゃべりの中に句点(。)は最後のひとつだけ。あとは最初から最後まで腸詰ソーセージのように、ずっと途切れずに話がつながっています。

1分間で話す量は、文字数にすると400字詰め原稿用紙1枚分。この中に句点がひとつだけと聞くと、ビックリですよね。

句点の数をもっと増やす、つまりセンテンスを少し短くするだけで、伝わり方がぐっと違ってきます。

たとえば、こんな感じです。

②「私は上司から、いつも話し方がくどいと言われています。自分では気づいていないのですが、同じことを2～3回くり返し言っているみたいです。

それと、『本当に?』という言葉を何回も使っていると言われました。他に、何かの説明をするときに、自分の思っていることを全部しゃべろうとして、時間が足りなくなってしまいます。

今、後輩の指導をする立場にあります。説得力のある話し方をするために、もう少し手短に話を伝えることができたらいいなと思っています」

①と②のセリフを、実際に口に出して話してみてください。②は句点の数が1つから6つに増えて、センテンスが短くなった分、話にテンポとリズムがあるのを実感すると思います。

また、**センテンスが短くなると、「けど」「ですが」「ので」「していて」「しまうので」といった接続詞を使わずにすみ、話がスッキリと伝わります。**

人前で話すときには案外気づかないのですが、ほとんどの人が、①のような話し方をし

ています。句点のないしゃべり方だと、話が藪の中に入ってしまい、聞き手は混乱します。

さらに言うと、**話し言葉と、書き言葉は違います**。書き言葉は、比較的センテンスが長くつながっています。話し言葉は、センテンスが短めです。

テレビやラジオのニュース原稿も、短いしゃべり用の書き方になっています。だから、その日の出来事がわかりやすく伝わってくるのです。

例に出した普段の彼女は、声もしっかり出ているし、滑舌もよく、しゃべりの間もいい人です。センテンスを短くしたら、話の内容がより伝わりやすくなりました。自分の話を届けたいという思いが、こちら側にひしと伝わってくるようになりました。

自分が人前で話そうと思っていることを、一度、ＩＣレコーダーか何かで録音してみてください。自分の話し方やクセがよくわかりますよ。

7 話の「見える化」をする

「え〜、うちの会社は１９９６年にラーメン店から創業しまして、８年後に新商品を発売しました。これが大当たりして、創業当時２人しかいなかった社員が今では３５０人、店舗も１００店以上に増えました。途中、リーマンショックで売上が３分の１になったこともありましたが、今では創業当時と比べると、年商が１００倍になりました」

創業社長や役職にある人から、自分の会社や業績について、こんなふうなスピーチや卓話（ミニ講演）を聞いたりすることがあります。

話の内容から、創業20年で、社員数が75倍に、年商が１００倍になり、素晴らしい会社をつくり上げたことがわかります。

ただ彼は、自分の会社の歴史や事象を起きた順に並べて話しています。事実だけを、ただ淡々と話してしまい。聞き手にうまく伝わっていないかもしれません。

創業者として、苦労したことや忘れられない思い出、エピソードもきっとたくさんあるはず。もちろん腹が立ったことも、うれしかったことも、悔しかったことも聞いてほしいはずです。こうした部分を入れることで、話に温もりが加わり、聞いている人に、感動と共感を呼ぶことができます。

体験や経験を伝え、話を「見える化」すると、聞いている人の耳が立ち、今日はいい話を聞いたなと思ってもらうことができるはずです。「見える化」とは、聞き手の頭の中に、言葉でより具体的な映像を映し出すということです。

ラジオはテレビと違って、言葉だけで番組をつないでいきます。映像がない分、話が抽象的だとリスナーの耳にも心にも届かなくて、おもしろくもなんともない、つまらない番組になってしまいます。プレゼンやスピーチも同じです。

さて、冒頭の創業社長の話は、時系列で会社の事象だけを羅列しています。話を聞いている人たちの頭の中には、ひょっとしたらこんな「？」が点灯しているかもしれません。

- **大当たりした新商品は、どんなことがきっかけでできたんだろう？**
- **年商を100倍にすることができた、ポイントは何だったんだろう？**
- **リーマンショックから立ち直るのに、どんな努力をしたんだろう？**
- **いきなり売上が落ち込んで、そのとき、どんな気持ちだったんだろう？**
- **自分の経験から、どんなことを伝えたいんだろう？**

実は、人が聞いてみたいのはこういった具体的な話です。自分の仕事の参考にしたいという思いで、必死に話を聞こうとしている人もいるはずです。

聞き手をガッカリさせないためには、こんな内容を話の中に盛り込んでみると、より具体的になるかもしれません。

- **大当たりした新商品は、どんなことがきっかけでできたんだろう？**

ラーメン店としてスタートした仕事が、2店舗目で行き詰まった。店舗立地が問題だと

思って感じているとき、おいしいチャーシューのつくり方を開発した。

自分の仕事は、ラーメンしかないと思って続けてきたら、次々とすばらしい人との出会いが仕事につながり、今の業績になった。

●年商を100倍にすることができた、ポイントは何だったんだろう？

売上が上がったポイントは2つ。ひとつは、オリジナリティのある「味噌チャーシュー」という商品をつくったこと。最初はなかなか味になじんでもらえず苦労をしたが、徐々にお客様が増え、結果的に全国展開へと事業が広がった。

もうひとつは、店舗環境を駅前立地にこだわったこと。駅前だと駐車場の費用もかからず、お客様も最終電車で帰ることができる。アルコール飲料を出すこともでき、1店舗あたりの売上を伸ばすことができた。

●リーマンショックから立ち直るのに、どんな努力をしたんだろう？

他社にはない、自分の会社だけのオリジナル商品をつくることに必死に向き合った。朝から晩まで働き、子供たちをどこにも遊びに連れていくことができなかったことだけが、親として今でも少し心が痛い。

●いきなり売上が落ち込んで、そのとき、どんな気持ちだったんだろう？

心が落ち込みそうになったときもあった。でも、明けない夜はないと思っていた。経営者なので、社員もいるし、落ち込んでいる場合ではないと思った。いつも先を見ながら歩くようにしていた。こんなときでも、趣味の釣りには、たまに出かけていた。それと、家族が何よりの支えになった。

●自分の経験から、どんなことを伝えたいんだろう？

自社の商品が、絶対に売れるという自信と信念を持つこと。過去より今、今より先を見ていたら未来へつながっていく。どんなときも、お客様の笑顔に支えられてきた。これからも同じ。

　こんなふうに具体的な話が入ると、話す人の人柄や温度感が伝わります。話が楽しくなってきます。話が楽しいと、聞き手も前かがみ状態になって話を聞いてくれます。

具体的な内容を盛り込むことで、相手により納得して聞いてもらうことができる、というわけです。

自分の話を聞いて、今日の話はためになった、参考になった、自分の仕事の役に立った。忙しかったけど、わざわざ聞きに来てよかった。こんなふうに思ってもらえたら、ありがたいですよね。

5章

とっさのときも
あわてない!
「ネタづくり」のルール

1 頭の上に高いアンテナを上げよう

私が長年やっているプレゼン教室では、毎回テーマを出して時間を決め、話してもらいます。

たまに「今日のテーマは自由です。自分の好きなことを話してください」と言うと、参加者の皆さんは困った顔になります。話すことがどうしても浮かばないと言うんです。話のネタは身の回りにいっぱいあるはずなのに、どうしてなんでしょうか？

普段、生活をしていると周りの風景はいつも同じ。付き合う人も仕事も職場も、そう変わるわけではありません。

でも、自分の好奇心のアンテナをいつもより少しだけ高く上げてみる。角度を変えてみる。たったそれだけで、同じ景色でも、今まで感じていたものとは違ったものに見えてきます。匂いや景色も変わります。

車に乗って見る景色と、歩きながらの景色も違います。会社への行き帰り、往復のアクセスを変えるだけでも見え方が変わってくるから不思議です。

私は、街を歩くときも電車の中でも、いつもキョロキョロしています。街は「ネタの宝庫」です。街かどの大きな看板が、いつのまにか新しいものに変わっている。大きなビルだった場所が、いきなり広い駐車場になっていた。こんなところに新しい居酒屋が！ お店に入れば、デザインされた家具や食器や洋服。地下鉄に乗れば、中吊り広告や、乗っている人の表情、着ている洋服、持っているバッグ、読んでいる新聞など。

自分が「見たもの」や「新しい体験」を切り口にすると、話が新鮮なものになります。

実は、**誰にでもある日常的な話のほうが、相手を惹きつける**ものです。

私はタクシーに乗ると、「最近、何か楽しい話はありませんか？」と、運転手さんに必ず話しかけるようにしています。

「駅の近くに若い子もおじさんもおばさんも、いっぱい集まる、ポップコーンのお店がで

きたよ。わざわざ新幹線に乗って、やって来る人もいるらしいね」

タクシーの運転手さんは、いろんな人を乗せているから「旬のネタ」をたくさん持っています。ほんのわずかな距離でも、必ず話しかけるようにしています。ワンメーター料金で運んでもらったうえに、新しい情報が手に入るし、話しかけない手はありません。

「アンテナは高く、頭は低く」という味の素相談役名誉会長、鈴木三郎助さんの名言があります。

物事を考えるときは自己中心で考えるより、視野を広く持ったほうが気づきが多いという意味だと、私は解釈しています。味の素が売れ始めた理由も、女性社員の「粉末の出る穴が2倍になったらいいのに」という理由からだったとか。社員のちょっとした気づきから、売上が倍になったわけです。

街の中にも、そんな気づきがたくさんあります。話のネタは、いつもあなたの足元に転がっています。

自分のアンテナが高ければ高いほど、情報が集まりやすくなります。

赤い車に興味があるときは、街の中に赤い車がやたら増えたような気持ちになる。人に関心のある人は、いつもマンウォッチングをしている。建築関連の仕事をしている人は、いつもビルや建物に目がいく。

人は、自分の関心のあるものにしか目がいきません。とにかく、子供のように、好奇心をたくさん持つことです。自分をワクワクドキドキさせておけば、歩いているうちに自然に情報が入ってきます。

自分のアンテナが高く上がるようになったら、クライアントと趣味の話で盛り上がることが増え、お互いの距離が近くなったという研修の受講生は少なくありません。

また、自分はどんなことに興味があるのか、周りの人たちに普段から話しておけば、うれしい情報があったときに声をかけてもらえるようになります。話題が広がるチャンスを、積極的につくりましょう。

2 ネタは自分の足元に転がっている

書店やコンビニの店頭を飾っている週刊誌。たくさんの種類がありますね。表紙は、今が旬の人。今まさに絶好調の歌手や女優・タレントの人たちで飾られています。

あなたは、今週号・今月号の雑誌に誰の写真が載っているか知っていますか？　別に知らなくても、何の問題もありません。

でも、普段誰でも目にしている一般的なことに関心があるかないか、いつも目にしているものを、自分が意識するかしないかで、何かが違ってきます。自分の関心のある日常が話の〝ネタ〟になるからです。

初めての営業先で担当の人と雑談をしたり、誰かの前で話をするとき、今テレビやネットのニュースで公に話題になっている〝大きな話〟をしようと思ったりしていませんか？

政治経済の話、気候の話、事件・事故の話など。もちろん、それも相手によっては確かに大事なことです。

　でも、それよりも自分が街中で見聞きしたこと、体験したこと、生活の中で気づいたことなど、自分の身近なことを話したほうが、人から共感を持ってもらうことができます。「へ〜、そうなんだ！」「私もあるある。一緒、一緒！」「そうそう、そうだよね」といった話が、いちばん納得してもらうことができます。

　話している人が急に自分の身近な人になり、説得力や共感を得ることができます。**ネタは、いつも自分の足元にあり！**　です。

「今週号の○○の表紙は△△さんですね。新しいドラマ、おもしろいですよね」

「今朝、玄関を出たところで転んじゃって」

「友達が、飛騨高山でピクルス屋さんを始めたんですよ」

　プレゼンで話すときは、仕事の話だけ。仕事以外の余計なことは言ってはいけない。そんなふうに思ったりしていませんか？

そんなことはありません。自分が見てきたことや、体験したことをちょっと話すだけで、話す人の人柄が相手に伝わり、場がなごみます。

「この会場に来るとき、息子さんが年老いたお母さんの手を引いている光景を見ました。今どき、いい息子さんですよね」

「街路樹のイチョウの木から、ぎんなんを拾っている人がいました。今晩のおつまみでしょうか？」

こんなちょっとした日常のネタを「話の枕」にするだけで、聞き手に話す人の温もりが伝わります。

自分の身の回りの話は、仕事で誰かと話したり、人前で話をするとき、相手に少しいい感じで自分の印象を残すことができます。

この人、いい人そうだから話を聞いてみたいな。おもしろそうな人だな、楽しい話が聞けるかも、と思ってもらえるはずです。

3 いつでもどこでも「お宝手帳」にメモしよう

「田んぼの仕事をしている人には、ストーカーがいない！」

これは、養老猛司先生（解剖学者）が、あるテレビ番組でおっしゃっていた話です。田んぼの仕事は自然が相手。気候や自然によって不作のときもあり、あきらめることを知っているからだそうです。

初めて聞く話だったので、私の**「お宝手帳」**にすぐメモをしました。いい話はいつかどこかで使える！　メモのポイントはコレです。

どんなにいい話を聞いても、人は30分もすると内容を忘れてしまいます。ひと晩寝ると、聞いたことすら思い出すことができなかったりしますよね。

トイレやお風呂、カフェでぼーっとしているとき、プレゼンやスピーチで使えそうないい話をふと目にしたり、頭に浮かんだりすることってありませんか？　私はせっかくなので、忘れないようにと、メモにせっせと残すようにしています。

冒頭で触れた、大切なネタを忘れないように、私がいつもバッグに入れて持ち歩いている「お宝手帳」を紹介します。以前、読んだ『情報は1冊のノートにまとめなさい』（奥野宣之、ナナ・コーポレート・コミュニケーション）という書籍を参考に、自分でアレンジして使っているものです。

用意するのは、A6サイズのごく小さなノートです。少し大きめのスマホサイズ。男性だったら、手のひらに入るくらいの大きさです。

この超・アナログなチビノートがすごく役に立つのです。メモする内容は、自分が興味を持ったことや体験したこと。もちろん街の中で見かけた看板や風景など、自分の関心と興味のあることはすべてこのノートに書き込みます。

たとえば、書籍のタイトルや人の名前、流行っているお店、誰かの話を聞いて感動した言葉などです。どんなジャンルの話題も、すべてこの1冊にひとまとめにしています。もちろん、テレビやラジオで見聞きした話、新聞・雑誌で読んだ話題なども含めてです。

内容もかたい話からやわらかい話まで織り交ぜて残しておくと、話題が豊富になります。

メモやスクラップをしているうちに、この話はここで使おう、あの話題はあそこで受けそうと、聞いている人たちの顔が浮かんで楽しくなってきます。


書き方は、**①ジャンルをまとめる、②日付を入れる、③内容を記入する**。たったこれだけです。すぐに書けてとても簡単です。

①ジャンルをまとめる

「言葉」「本」「人」「音楽」「ニュース」など、自分が関心のあるカテゴリーごとにまとめます。

②日付を入れる

当日の日付を記載します。

③内容を記入する

直接書き込んだり、新聞や雑誌の切り抜きを、折りたたんで貼りつけます。

あとで使えるように、「5W2H」で、具体的にメモしておきます。ニュースは、誰でも知っている話題や「へぇ〜!」と、思わず聞く人の耳が立つ珍しい話などです。

この1冊があるととても重宝します。自分の、興味や好奇心の詰まった、ネタ満載です。ちょっとした会や集まりで、いきなりスピーチを頼まれたときにも助かります。話の導入部分や話題をふくらませる、きっかけになるからです。

「お宝手帳」には、いつか使えそうないろいろなジャンルのネタが、たくさん書き込んであります。幅広い話題で話をつなぐことができます。

話すことが何も浮かばないと困ったとき、ペラペラとページを繰っているうちに、話の組み立てが自然に浮かんでくるようになります。

「馬上枕上厠上」（ばじょう・ちんじょう・しじょう）という言葉があります。中国の政

「お宝手帳」の書き方例

2015.10.10

言葉

『田んぼの仕事をしている人には、
ストーカーがいない！』

養老猛司先生

（意味）
田んぼの仕事は、自然が相手の仕事。
気候や自然によって不作のときもあり、
あきらめることを知っている。

＊日本テレビ「世界一受けたい授業」

治家で文学者でもある欧陽脩という人の言葉で、考えごとをするのに最も適した場所をいいます。

いつもの場所を少し離れたとき、ふと考えや言葉が浮かぶことがあります。それを忘れないうちにサッとメモをする。さまざまな場面で自分の心に響いたこと、感じたことは、とにかくメモ・メモ・メモ。どんなジャンルの話題も、全部1冊のメモにまとめておきましょう。

そして、あとで開いたときにちゃんと筋道を立てて話せる内容にしておくことが大切です。「あれ?　何の話だったたっけ?」となると、せっかくのネタも使えなくて残念なことになってしまいます。ポイントの部分はちゃんと押さえておいてくださいね。

手軽なネット検索と違い、アナログだからこそ、伝わり方に差が出ます。また、とても簡単なので、長続きできることがいちばんのメリットです。

もうひとつ、「お宝手帳」の活用例をご紹介しましょう。

「1人あたりのお花見時間、全国平均は2時間29分!」

桜のお花見時間は、ひとり何分くらい?　そんな話題が新聞に載っていました。これも

著者のお宝手帳

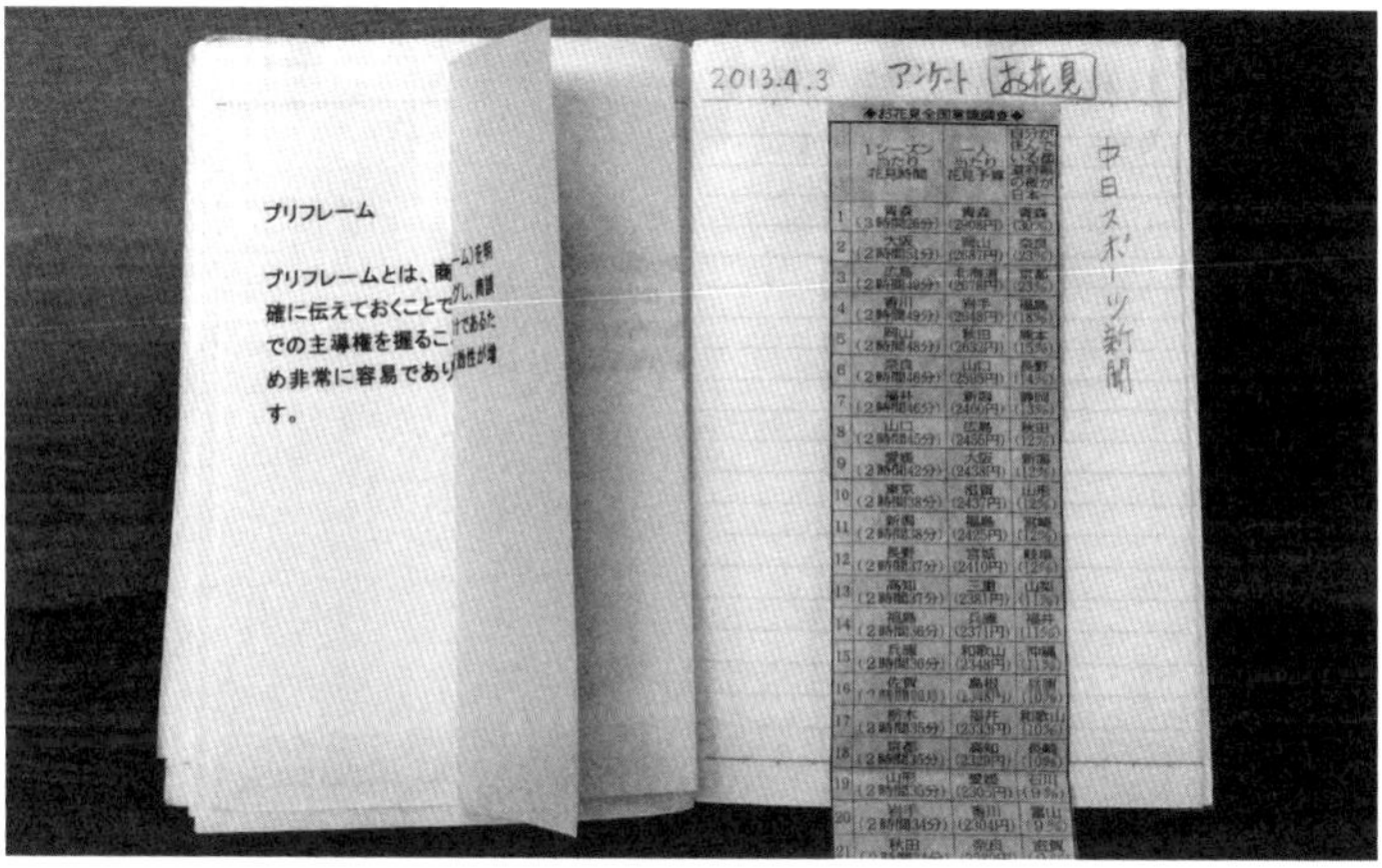

新聞記事を切り取ってスクラップしました。桜の季節、ちょっとしたスピーチや朝礼などで使えそうです。

いちばん長い花見時間：青森県　3時間26分
いちばん短い花見時間：沖縄県　1時間7分

「お花見全国意識調査について」（2013年4月3日「中日スポーツ新聞」より）

いちばん長い青森と短い沖縄では、2時間19分の差があります。お花見宴会も含めた時間だと思われますが、ネタとしては「へ〜」と思えるおもしろい話題です。

「お宝手帳」には、前ページのように新聞記事を糊で貼りつけています。折りたたんで押し込むことができるので、なんと新聞1面分の大きさでもチビノートにおさまってしまいます。

記事を貼りつけておくと、あとで読み返したとき、詳細な情報が正確にわかります。情報源であるネタ元も書いておきましょう。

「お宝手帳」は、使っているうちに、どんどん自分流の使いやすさになっていきます。とにかく、いつか使えそうな話題を小さな「お宝手帳」に残しておいてください。いざというとき、あなたの「お助けネタ」になること、うけあいです。

4 言いたいことは、一度紙に書いてみる

近々、人前で話す予定が入っている。日にちはどんどん近づいているのに、何を話したらいいか、頭の中がぜんぜんまとまらない。なんか焦るな……。どうしよう？

自分のスピーチが失敗して、人から笑われている……。

そんなリアルな光景が夢の中に出てきて、夜中に飛び起きてあぶら汗をかいた。こんな体験は、きっと私だけではないはずです。

話すことを頼まれたら、準備はできるだけ早めにしたほうがよさそうです。

具体的にどんなことを話そうか……。話す内容を頭の中だけでぐるぐる考えていても、なかなかまとまりません。

そんなときは、**一度紙に書いてみる**ことをおすすめします。準備の時間は、最低でも1週間くらいはあったほうがいいと思います。2段階に分けて、書くのがポイントです。

まず最初は、話そうと思っていることを、キーワードでおおまかにざっと紙に書いてみます。思いつくありったけのことを、自由に書き出してみてください。

たとえば、コミュニケーションの話をしようと思ったとき。自分が伝えたい、コミュニケーションでいちばん大切なことは何だろう？

●笑顔　●アイコンタクト　●声の大きさ　●人柄　●新しい情報を伝える
●親近感を持ってもらう　●自分の身近な話題を話す　●バリアをつくらない
●感動　●話しやすい　●オーラ……

一気に集中して考えると、きっとたくさん出てくるはずです。

ひと通り書き出したら、これをカテゴリー別にまとめます。次ページの図のような感じで、エクセルを使うと短時間で仕分けができるので、おすすめです。

言いたいことを仕分けする

言葉以外のコミュニケーション	笑顔　アイコンタクト　声の大きさ
パーソナルな部分	人柄　バリアをつくらない　感動　話しやすい　オーラ
情報	親近感を持ってもらう 新しい情報を伝える 自分の身近な話題を話す

カテゴリー別に仕分けをしたら、**これをしばらく寝かせます**。つまり、このことからいったん離れます。

離れたつもりでも、頭の中はいつも人前で話す「ネタ」のことが気になっています。本を読んだり、テレビを見たり、街を歩いたりしていても、紙に書いたキーワードが自分の体験したことや、見聞きしたことから無意識に「ネタ」を引っ張り出してきます。文字に書き出すことで、自分の言いたいことの大枠を、頭の中でぼんやりと意識し始めるからです。

この話は、たとえ話やエピソードとして話せる。この話は笑い話として使える……。そんなふうに〝意識〟と〝無意識〟

が結びついてくるのです。

そういえば、コミュニケーション上手のお手本のような人がいます。「笑福亭鶴瓶さんは、いつも笑顔で人を受け止め、若手芸人から『近寄りやすい』『からみやすい』と言われているそうです。彼はバリアをつくらず、いつも誰とでも話しやすいオーラを出していますよね」

こんなテレビで見た鶴瓶さんの話題を、たとえ話として使うこともできます。コミュニケーションのことで自分の中にアンテナが立っていたから、彼の話に関心を持つことができたわけです。

何日か過ぎると、キーワードが少しずつ発酵して、その間の体験とともに、自分なりの伝え方の切り口を持つことができます。頭の中の発酵準備のために4～5日あると、ネタが集まりやすくなります。

あとはメモを見ながら構成を考えます。

話す順番を決めるのに、とても便利な方法です。

5

「プレゼン構成表」で話を組み立てよう

話の材料やエピソードが集まり、ネタが発酵しかけてきたら、今度は「プレゼン構成表」を使ってもう一度、頭の中を整理してみましょう。

紙に構成表をつくって、以下のことを書き込みます。

①テーマ
②聞き手の対象：年齢層や男女比など
③自分の思い：話を聞いてもらう人たちに何を伝えたいのか
④イントロ：どんな話題から入るのか
⑤話のポイント：自分が伝えたいこと

「プレゼン構成表」で話をまとめる(例)

テーマ	聞き手の対象	自分の思い
コミュニケーションを増やして、明るい職場をつくろう!(5分)	・年齢層　20〜30代 ・男女比　半分ずつ ・対象者　自社の部下	新入社員に、早く会社に慣れてもらいたい。そのためには、まずどんなことでもいいので、彼らとの会話を増やそう。
イントロ	**話のポイント**	**体験・経験・エピソード①**
(季節が春の場合) 今年の新入社員との、新しい出会いが楽しみだ。今年は、どんなタイプがいるのか、いっぱい興味がある。早く社内に溶け込んでもらおう。	①笑顔とアイコンタクトの大切さ ②相手との間にバリアをつくらない ③人柄の大切さ	新入社員の頃、会社の中で、いつも目を見て笑顔で優しく声をかけてくれる先輩がいた。声の大きな人で、つられて自分の声も大きくなり、他社の人からも名前を覚えてもらえるようになった。
体験・経験・エピソード②	**体験・経験・エピソード③**	**締め**
課長から、お酒の飲み方や、人との付き合い方の大切さを教わった。バリアをつくらず、誰とでも付き合うことができるようになった。それが、今の自分をつくっている。	いつも、失敗談を話してくれる先輩がいた。器が大きく、どんなことでも聞くことができる、気さくな人でいつも助けられた。	緊張して入ってくる新入社員を、大らかな気持ちで受け入れよう!

※体験・経験・エピソードは1つか2つを選んで話す

⑥体験・経験・エピソード：１つか２つを具体的に話す

⑦締め

こんなふうに構成表に書き込んでいくと、聞き手に対する自分の思いや、何をどう話すのかがまとめやすくなります。

話が終わったあとも、「しまった！　あのことを話すのを忘れていた」ということもなくなります。そしてスピーチの前日に、ギリギリになってから考えるより、より説得力のある話を届けることができます。

体験・経験・エピソードは２つ〜３つ準備しておき、プレゼンの時間や、その場の流れによって１つか２つを選んで話すようにするといいでしょう。できるだけ具体的に伝えるのがコツです。

6 インプットしたことをアウトプットしてみる

「バレンタインが近づいて、お店の中が華やかでワクワクしますね。せっかくのバレンタイン、皆さんもお客さまと一緒に楽しんじゃってください！　お客さまをステキな雰囲気の中へ、上手に乗せてあげて！」

ショッピングモールでの社員研修。イントロの部分でこんな話をしました。受講していただいた方のアンケートの中に、「話の切り出しをマネして使ってみようと思う」。こんなことが書いてありました。思ってもみない、とてもありがたいフィードバックでした。

私は初めて会う人たちの心に橋をかけて、お互いの距離ができるだけ近くなるように心がけています。

だから研修先に入るときは、予定時刻より早めに入るようにしています。相手先の空気を肌で感じて、自分なりに少しでも理解できるようにとの思いから。それと、しゃべりのネタを探すためでもあります。


この日は、広くて明るいモールの中をひとりでブラブラしていました。

モールには、飲食、服飾、雑貨、スポーツ、シネマ、数えきれないくらいたくさんのお店が入っています。ちょうどバレンタイン前だったので、各お店の飾りつけがキラキラ輝いていてとても華やかでした。

行き交うお客さまの顔も、どことなく楽しそうで、私もただ歩いているだけで浮かれ気分に。バレンタイン装飾やお客さま、お店の人の様子。チョコレートの楽しいラッピングや、スイーツカフェでの新しいバレンタイン商品。子供服やメガネショップもイベントに参加してがんばっています。

たくさんのことが目に入ってきて、何を話そうか迷います。

見たままの様子をあれこれ話しても、聞いている人の耳に届かないので、ポイントをひ

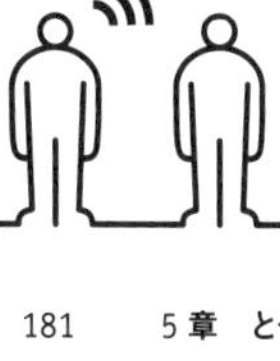

とつに絞るようにします。

受講者は各お店からの参加です。売っている商品も、ジャンルも、年代もそれぞれに違います。そこでまず研修のイントロ部分で、モール全体の話をすることにしました（冒頭の話です）。

他の話題は、研修中2〜3回に小分けして話すようにします。

今年のバレンタインで、初めて目にするようなおもしろい商品の話。手づくりチョコ用の変わったキット。お店で見かけた楽しそうな親子の話……。こういったことを、必ず声に出して事前に話す練習をしてから、本番に臨むようにしています。

頭の中には、今見て来た映像がたくさん浮かぶのに、いざ話そうとすると思うように口から言葉が出てこない。話す内容がまとまらない。言葉が出てきても、話がやたら長くなってしまう。こんなふうになってしまったら、もったいない。せっかく集めたネタですから、うまく使えたらいいですよね。

特に自分が見たこと、体験した話は、実感がこもっているので聞き手の耳が立ちます。興味を持って聞いてもらうことができます。

でも、**実際に口に出して話してみないと、話がまとまりません**。インプットしたことを、アウトプットする。何度かくり返し話してみると、相手に、より伝わりやすくなります。

もうひとつ大事なのは、**アウトプットを意識すると、インプットの仕方が変わってくる**、ということです。

これまでぼんやり見ていたいつもの街の風景や様子も、見方が変わってきます。仕入れたネタをどこで使おうか、どんなふうに加工して人に話そうか、意識するようになるからです。

自分が興味を持っていることや、今日体験したことを、ぜひ誰かに話してみてください。相手の反応があると、もっと人が喜ぶ話をしよう。話の中身を盛り上げてみよう。こんなふうにアウトプットすることによって、自分の中に初めて見えてくるものがあります。

話し方は、アウトプットすることで鍛えられます。聞き手がいてこそ、です。

まずは、誰かに話してみることです。仕事仲間や友人との何気ない話でも、意識して話

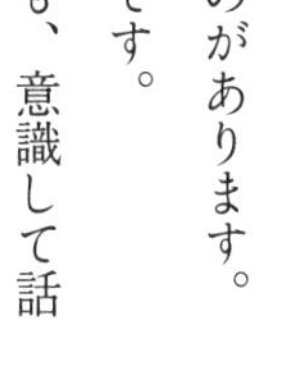

してみるだけでも、何かが変わります。とにかく普段から、くり返しアウトプットしてみてください。

余談ですが、研修の本番は長丁場なので、私は講座開始10分くらい前にお手洗いをすませておきますが、そのついでにアウトプットの練習をします。

冒頭の話は、時間にするとわずか13秒くらい。受講生がいないところで、陰の仕込みというわけです。練習をくり返すことで、話が頭の中に入り、メモを見ずに話すことができます。

顔を上げて話したほうが聞き手の皆さんの顔を見て話せるので、伝わりやすくなります。さらに話にもメリハリができて、聞き手の「聞いた感」がより強くなるなど、いいことづくしです。

6 章

相手の心に届く!「声の出し方」のルール

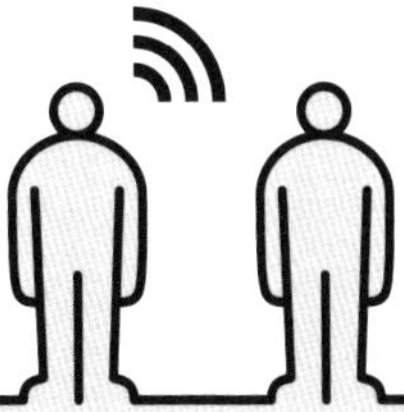

1 自分の声を聞いてみよう

「わ〜、自分の声ってこんな感じ？　ひどい声！」

録音した自分の声を初めて聞く人は、必ず同じようなことを言います。

もったいない！　もっと自信を持って！　と言いたいです。確かに声が小さかったり、聞き取りにくかったりという人はいますよね。

でも、世の中、**声の悪い人なんて誰もいません**。

自分の声には2種類あります。
毎日、自分自身で聞いている声と、**他人が聞いている自分の声**です。自分が聞いている
いつもの声は、骨を響かせて体の内側から聞こえてくる声。

生まれたときからずっと付き合っているので、あなたもこの声に慣れているはず。だから、そうじゃない声を聞くと、「こんなの、自分の声じゃない！」と思ってガックリするのはこのためです。

自分の声は、もっといいはずとばかり思っていたのに。私もそう思っていました。放送の新人研修の頃、インドカレー店の店長にお願いして、インタビューの練習をさせてもらったことがあります。インド船に乗り込んで、本場のカレー修業をした人です。

ひとりでマイクを持って録音し、家に帰ってからテープを聞くわけです。インタビューの中身もひどいけど、初めて聞く自分の声にもっとガッカリしました。

きっと世の中の98％の人が、その頃の私と同じことを感じているはずです。

長年の経験から言えるのは、自分が思っていた声と違っていても、絶対にめげないことです。

実は他の人は、あなたの声をいつもいい声だと思って聞いています。まず、自分の声に慣れてください。

人が感じる声の印象は大きく、その人本人の印象を左右します。よく通るいい声だと、

仕事ができそう、落ち着いている、モテそう。そんなふうに思われたりします。
声が通らないと思っている人や、声が出づらいと思っている人は、声を出す練習をしましょう。

たとえば自分の声が、人にどんなふうに聞こえているのか、簡単な実験をやってみましょう。次の①と②のやり方で、自己紹介をしてみてください。

「こんにちは！　森本曜子です」

①まず、普通に言ってみてください。
②次に、両耳を両手で包み込むようにして、同じように言ってみてください。

①と②では、聞こえ方がぜんぜん違うはずです。
①が、いつも自分で聞いている声。
②が、他の人が聞いている自分の声です。

人は普段、自分の声を聞きながらしゃべっています。口から出た声が耳を通じて、自分の頭の中に戻ってきます。この小さな実験は、「返しの音」で自分の声を感じることができます。

番組で話している人は放送中、みんな耳に必ずイヤホンをつけています。ステージで司会の仕事をするときは、スピーカーから流れてくる自分の声を聞きながらしゃべっています。どちらも「返しの音」です。

返しの音がいい感じで聞こえてくると、〝乗って話す〟ことができます。しゃべりにリズム感が出て、落ち着いて安心して話すことができるようになります。結果、いい仕事につながります。

歌手・噺家・役者など、舞台に上がって仕事をする人は、本番前に必ずマイクチェックをします。この「返しの音」のレベルを確認するためでもあります。

だからプロは、マイクもスピーカーも何もないところで〝素〟で話すときには、とても緊張します。自分の声の感覚がつかめないからです。

この「返しの音」はしゃべり手の命です。

発声練習をして、自分の声が出来上がってくると、「返しの音」が自分の耳にハッキリ届くようになります。生で返ってくる自分の声です。


私の研修や講座でも、必ず発声練習をやっています。発声練習をやってよく通るいい声になると、研修を受けている人たちの顔つきが明るくなって堂々としてきます。

研修に参加した人が、こんなことを言っていました。

「自分の声がどんどん出るようになったら、これまでプレゼン資料ばかり見ていた人が、顔を上げて自分のほうを見てくれるようになった」

「声がスッキリと届くようになり、説得力に変わった」

クライアントからも、

「あれ～、今日はなんか違うね」

「今日は、なんか明るいね」

「今日は、なんかパワーがすごいね」

と言われ、自分でもこれなんだ！　と思った。そんなふうに発声練習の効果を語ってくれました。

これは、説得力のある声が出て、「声の力」を実感できたからです。

ゆっくり話してくれて聞きやすかった。

あの人の声のトーンは、一定していておだやかな気分で聞くことができる。

声が通るので、言葉の一つひとつが滑舌よく伝わってわかりやすい。

声が通るようになると、声の高低やボリュームを自分でコントロールできるようになります。すると何より、あなたの「好感度」が上がります。

声は、話すことの基本。企画や技術のクライアントへのプレゼンテーション、会社での朝礼、会議、お得意先への説明会など、「話すことはすべてプレゼン」です。

たかが声、されど声！　毎日、声を出して聞きやすく、いい声をつくりましょう。

2 口に出してこそ練習になる

人からスピーチを頼まれたとき、あなたは何回くらい練習をしますか？

練習のやり方にもいろいろあります。前の日に、聞こえるか聞こえないかくらいの声でボソボソ練習して次の日にすぐ本番という人。こういう感じの練習ではあまり口も開けていないので、自分の耳に話の内容が入ってきませんよね。しゃべろうと思っていることを、とりあえず確認することくらいの効果しかありません。

声の大きさも雰囲気も、本番を想定してその通りにやってみないと練習にはなりません。歌手の人たちも、本番と同じ声のボリュームでリハーサルをやります。マイクや音響具合の確認リハでもありますが、何より、自分ののどの調子や会場での感覚をつかむための準備でもあります。

特に人前で話をするとき、言葉を口に出すことで耳から情報が入ります。そのことで自分の頭の中を整理することもできます。普段から目に入ったことや聞いたことなどを、すぐ言葉にする練習をすると、スムーズに口から出るようになります。

ホテルで、ある世界的奉仕クラブ（ロータリークラブ）の地区大会が開かれました。集まったお客様は、国内外を含め２８００人あまり。２日間にわたり、幹事クラブの担当の方２人と１日ずつペアで司会をしました。

何より、担当のおふたりにとって初めての経験なので、肩にのしかかる責任感で顔が緊張しています。大きな大会だし、他のメンバーからも「この大会が成功するかどうかは、お前たちにかかっている」とプレッシャーを与えられていたみたいです。

初めての司会なのに、気持ち的にキツイですよね。だから責任感の重圧は、ハンパではありません。それは私も同じです。本番前はマイクの前に立つだけで、顔がひきつっています。何度やっても、司会の定位置についたときのドキドキ感は変わりません。

当日は、司会者に２ショットでスポットライトがあたり、ステージ正面の両脇にある画面には、アップでその姿が映し出されます。

画面は後ろのほうの人にもよく見えるようになっているので、どんなに緊張していても、意識して笑顔をつくらなければなりません。でも、緊張すると、この笑顔がなかなか出てきません。

式典の1日目は、延べ4時間。2日目は5時間半という長丁場です。当然、進行内容も、盛りだくさん。進行の順番は間違っても飛ばしてもいけないし、ゲストの名前を読み違えると失礼になります。しかも、ずっと同じ位置に立ちっぱなし。気も張るし、緊張する仕事です。

でも本番では、進行途中であいさつをする人の順番が変わったり、ゲストの入り時間が変わったりということがしょっちゅう起こります。生放送で、つっこみ原稿が入るのと同じです。

ゲストの入りが遅れているときは、それまでの時間をしゃべりでつないだり、その場に応じて臨機応変に対応しなくてはいけないことがたくさんあります。始まってみないとわからないこともあります。リハーサル通りにいかないこともあります。

また、司会の仕事は、話すことと合わせ、その場面での人の動きを確認できているかどうかも大切です。あいさつをする人が、司会が紹介する前に所定の位置にスタンバイしているかどうか、そんなことも意識しながらの進行です。

司会のうち、ひとりの方の台本には、人の名前やあいさつ、表彰など、ポイントになる部分に、緑色のマーカーでしっかり印がしてありました。1行ずつ定規で押さえながら、間違えないように、マイクに向かって話す慎重な人です。読むところを1行間違えるとオドオドして焦ってしまうし、とんでもないことになってしまいます。

でも、おふたりとも、一度のトチリもなく見事に本番をやり遂げました。すばらしいと思いました。これまで大勢のメンバーで2年以上の時間をかけて、たくさんの準備をしてきたはずです。仕上げの肝心な司会の部分で、何かとんでもないことをやってしまったら、すべてのことがダメになってしまうという責任感を感じていたと思います。

司会席で横に立っていると、実際に声に出してたくさんの練習をしたことがひしと伝わってきました。噛まない、声がよく通る、全体の流れをきちんとつかんでいる。

それぞれが企業の社長。日常の仕事もきっと忙しいはずです。でも、今回のおふたりが初めての大きなステージでの司会にもかかわらず、最後まできちんと進行することができ

たのは、何日も前から練習をしてきたからです。

台本は別の人が書いているので、そのまま話すと、言い方や言い回しがピンとこなくて話しにくいことがあります。おふたりは何回か練習をすることで、だんだん自分の言い方で話せるようになり、話す内容がどんどん自分のものになっていきました。本番でも練習をしたことが自信につながり、堂々とマイクを持って話すことができました。

スポーツ選手だって、普段の厳しい練習があってこそ、たった1回きりの本番で成果を上げることができます。やっぱり、どんなことも練習に勝る準備はありません。準備をたくさんやることで自信になります。

サッカーの本田圭祐選手は、「1年後の成功を想像すると、日々の地味な作業に取り組むことができる」と話しています。本番までの練習は、誰も褒めてくれないし、自分ひとりでやる味気ない作業です。でも、ここであきらめて投げ出してしまえば、自分のチャンスを勝手に閉じてしまうことになります。

本番に向けて、自分の大切なことを想像しながら練習をすると、練習の質が違ってきます。そのことが、次の成功へとつながっていくはずです。

3

声がよく通ることの強み

ある会社に勤めている、男性社員の話です。

「うちの会社のベテランの先輩で、ボソボソした声で話す人がいます。話している内容が聞こえにくいので、つい「もう1回お願いします」と二度聞きしてしまうことが多いんです。大事な話で声がよく聞こえないと、イラッとしてつい語気を荒げてしまうこともあって。すると、職場にそれまでとは違った不穏な空気感が漂い〝しまった！〟と思うことがあり困っています」（IT系の会社員）

あなたの仕事場でも、こんな経験はありませんか？

彼の気持ちが、よくわかります。先輩の話が聞こえにくかったから、素直に「もう1回お願いします」と言っただけ。先輩の声がしっかり出ていて、よく聞こえていたらこんなことにはならないはずなのに、先輩本人は気づいていない……。

確かに最近、若い人も含め小さな声でボソボソ話す人が増えています。地下鉄の中だって、昔は誰かがおしゃべりをしていてもっとにぎやかでしたよね。今は、ほとんどの人がひたすら下を向いてスマホに夢中。だから、電車の中がすごく静かです。

会社でも、すぐ隣の人ともメールですませる人がいると聞いたりします。話したほうが早いんじゃないの？　と思います。1日中、スマホやパソコンを相手にしていて、必要なこと以外話さずに過ごす人が多くなっているかもしれません。

でも、そんなことが続くと、ノドの筋肉がどんどん衰えてしまいます。年齢に関係なく、若くてもか細い声しか出なくなってしまいます。

声が小さいと、自信がなさそうに見えてしまいます。これって、もったいない！　伝わる話も伝わらなくなってしまい「損」です。もっと話そうよ！　しっかり声を出そうよ！と思います。

のど飴の「カンロ株式会社」の声に関する調査では、声のいい人は仕事でも恋愛でもトクをすると考えている人が多い、ということがわかったそうです。

声のいい人は、仕事ができそうに感じると答えた人が7割以上もいました。

なのに、自分の声に自信があると答えた人はわずか26%。声のいい人に「できる感」を感じているのに、自分の声には自信がない……。

声の力は、誰にもあります。自分は声がよくないからと、尻込みをしないでください。要は伝わりやすいかどうか、です。

声がよく出るようにするには、発声練習がいちばんです。アナウンサーになるわけでもないのに、どうしてそんなことが必要なの？　と思うかもしれませんが、「声がよく通る」ようになると、こんないいことがあります。

①自信があるように思われる

声が出るようになると大きな自信につながり、話に説得力が加わります。

②初めて会った人の印象に残りやすい

仕事でも恋愛でもトクをします。

③自分の思いを伝えやすくなる

自分の言いたいことを相手に理解してもらえます。

④話しているとき、声の音量調整ができるようになる

メリハリをつけて話すことができるようになります。

⑤相手から聞き返されることがなくなる

「聞き取りにくかったので、もう一度言って！」がなくなります。

⑥自分の気持ちが前向きになる

あきらめが、自信に変わります。

「自分のいい声」をつくることを、あきらめないでください。

発声練習をするだけで、誰でも伝わり方がハッキリ変わります。これだけで、自分の中のこれまでのモヤモヤを解消することができます。まずは声出しの練習をやってみましょう。次項から、具体的にご紹介します。

4 実際に声を出してみよう

声を出すことの効用を話してきました。では、声は、実際にどんなふうに出したらいいのでしょうか？

まず、その前に大切なことがあります。**声が出るようになることで、自分自身がどうなりたいのか**、確認してみてください。

人前でのプレゼンで、滑舌よく話せるようになって新しい仕事をゲットしたい！

クライアントへの説明のとき、よく伝わるわかりやすい声で話したい！

電話でもよく通る声になりたい！

自分の目的が明快だと、発声練習も長く続きます。この「声出し法」は誰でも簡単にできるやり方です。途中で投げ出さずに、日々の習慣にしてください。

発声練習をするときのポイントは、こんな感じです。

①最初、実際に声を出してみる
②きれいな発音になるよう唇の形を意識する
③声を届ける位置を意識する
④毎日、時間を決めて行なう
⑤特に母音を連続10回くらい発声練習する

①最初、実際に声を出してみる

声を出すとき、いきなり大きな声を出してがんばりすぎると、ノドを痛めてしまいます。まず、「あー」という感じで、軽く声を出してみてください。ムリなく自然に出る、音のトーンを決めます。実際に声を出してやってみます。

「あー」です。声は、できるだけ一定の太さで出すようにします。そうすると声を安定させることができます。

発声練習中、ときどき咳き込む人がいますが、こういう場合、声の高さやボリュームにムリがあります。いきなり大きな声でがんばらないことです。

②きれいな発音になるよう唇の形を意識する

唇は「あ・い・う・え・お」の、きれいな形を意識します。唇の形がきれいだと、発音も滑舌も美しくなります。

③声を届ける位置を意識する

声は、必ず自分が意識した先に届きます。発声練習の最初はノドの試運転なので、10メートル先くらいから始めてください。少し時間が経ってノドが温まってきたら、目標をもう少し先まで延ばします。あの建物や家、木までとか、声を届ける先を目標物でイメージすると、声が届きやすくなります。

舞台の役者さんも、いちばん後ろのお客様まで届けようと意識すると、声がちゃんと届くそうです。大きな声で、がなり立てなくても「意識ひとつ」で声の届き方が変わります。

発声練習の時には、「○○さんにメールをしなくちゃ」とか、「今晩、何を食べよう」とか、余計なことを考えず集中してくださいね。

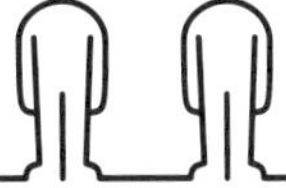

④毎日、時間を決めて行なう

声を出すことを、毎日のルーティンにします。休日に、1週間分まとめて発声練習をするよりも、毎日少しずつ続けたほうが確実に効果が上がります。1日5分でも10分でもOKです。

とにかく、サボらないこと。どんなことも、少しずつの積み重ねです。1カ月・3カ月・1年後の自分の、すばらしい声に期待してくださいね。そのうち誰かが「最近、なんか声がよく出るようになったね。生き生きしているね」「何かが違うね」と声をかけてくれるはずです。継続は力なり。とにかく続けましょう。

⑤特に母音を連続10回くらい発声練習する

日本語の言葉の最後は、必ず母音で終わります。母音がきれいだと、言葉全体が美しく聞こえます。

次のような発音で練習をすると、口の開閉がスムーズになります。

「あ・え・い・う・え・お・あ・お・あ・い・う・え・お」

これを10回を1セットにして、声を出します。時間のあるときは2セット、3セットくらいやってみてください。

それから、休日に少し長めに発声練習をやってみようと思う場合、自宅でやろうと思うと、マンションの住民やご近所の人に迷惑をかけないかしら？　と気になります。そんなとき私は、カラオケルームに行って声を出すようにしています。ここだと手頃な料金で思いきり声を出すことができます。発声のついでに歌でも歌ってくれれば、気持ちもスカッとします。

発声練習をすることで、口の周りの口輪筋もやわらかくなります。すると言葉が出やすくなります。女性の場合は、ほうれい線も薄くなっておトクです。いろんな意味で、いいことばかり。

とにかく毎日、声を出すようにしましょう。声は一度ちゃんとつくり上げると、老けることがありません。あなたの「一生の宝物」です。宝物が身につけば、コミュニケーションがどんどん前に進んで、あなたのイメージ度もアップします。

5 滑舌をなめらかにする練習

毎年、夏から秋にかけてデビューする新人アナウンサーは、口を大きく開け閉めして滑舌よく話せるようにがんばっています。初々しくて思わず応援したくなります。

アナウンサーも含め、ドラマや映画の役者、歌手、落語家など、テレビ・ラジオに出てくる人たちで滑舌の悪い人はいませんよね。

滑舌という字は、「舌のすべり」と書きます。舌や口の動きをなめらかにして、言葉をハッキリとわかりやすく発音することです。プロはみんな舌がよく動くように早口言葉や、文章の一語一語を意識して口の開閉をていねいに言葉に変える練習をしています。

滑舌がよくなると、自分の話している内容が相手により伝わりやすくなります。

女優の志田未来さんも、大きな口を開けていつも新聞を読んでいたそうです。もちろん、声に出して。たとえば、こんな感じです。

『大相撲初場所も千秋楽を終えて横綱白鵬が全勝優勝を飾りました』

滑舌の練習は、実際にはもっと長い文章を読みます。新聞やエッセイ、自分の好きな本など、活字だったらなんでもOKです。口の開閉をめいっぱい意識して、音読をくり返してみてください。

最初は慣れていないので、口の開け閉めが大げさに思えて自分でも違和感を感じるかもしれません。やっているうちに、最初は舌や口の周りがだるくなって凝ってきます。初めて経験することかもしれません。

でも、ここで「や〜めた！」にしないでください。とにかく続けることです。1週間、1カ月、3カ月と続けると気がついた頃には、あなたの話し方は明快そのものになっているはずです。滑舌のよさが、すっかり自分のものになっています。

何でもそうだと思いますが、本に書いてあることを実際にやってみるかみないかで自分のスキルが大きく変わります。私も、この仕事を始めてから毎日、新聞の一面を声に出して読んでいます。今、改めて滑舌を意識しています。レッスン中の、歌の滑舌も変わってきました。歌の歌詞も相手に伝わらないと意味がありませんものね。

また、日本人は特に「ラ行」が弱いと言われています。ラ行がうまく言えないかも、と思う人は、一度この言葉を言ってみてください。

「今、東京オリンピックをめざして、あらゆるビルや建物が建て替えられています」

どうですか？　うまく言えましたか？

かく言う私も、かつては「ラ行」が苦手でした。自分の森本という名前に「リ」が入っているのに、うまく言えませんでした。

ここで私が、音楽講師の伴紀良先生から教わった訓練方法をお伝えします。

ポイントは、舌の先を上の歯の付け根につけて発音することです。それと、できるだけ大きな声を出してやってみてください。

ラ行の発声練習表

	ラ	リ	ル	レ	ロ
パ	パ・ラ・ラ・ラ	パ・リ・リ・リ	パ・ル・ル・ル	パ・レ・レ・レ	パ・ロ・ロ・ロ
ピ	ピ・ラ・ラ・ラ	ピ・リ・リ・リ	ピ・ル・ル・ル	ピ・レ・レ・レ	ピ・ロ・ロ・ロ
プ	プ・ラ・ラ・ラ	プ・リ・リ・リ	プ・ル・ル・ル	プ・レ・レ・レ	プ・ロ・ロ・ロ
ペ	ペ・ラ・ラ・ラ	ペ・リ・リ・リ	ペ・ル・ル・ル	ペ・レ・レ・レ	ペ・ロ・ロ・ロ
ポ	ポ・ラ・ラ・ラ	ポ・リ・リ・リ	ポ・ル・ル・ル	ポ・レ・レ・レ	ポ・ロ・ロ・ロ

「パ・ピ・プ・ペ・ポ」を基本にして、「ラ・ラ・ラ」「リ・リ・リ」「ル・ル・ル」「レ・レ・レ」「ロ・ロ・ロ」とつなげていきます。

勝手に好きなメロディをつけてやってみるのも、楽しく続ける方法です。

これを、朝、最低で10セットくらいくり返します。時間にすると1分ほどです。毎日続けてみてください。

ラ行が言えなくて、舌足らず感を感じていた人には、ロレツをよくするいい練習方法です。上の歯への舌の当たり方など、もっと具体的に知りたい人はボイストレーナーの専門家に教わるのもひとつの方法です。

6

「人が聞いている自分の声」を意識しよう

元宝塚歌劇団の宙組トップスター、大和悠河さんの話です。

ミュージカルのリハーサル中、ジャージの上下を着て声を出していると、演出家から他の洋服に着替えてくださいと言われたそうです。指示された通り、ミニスカートに着替えたら、なんと声が高くなったんだとか。演出家は、彼女の声がいつもより少し低いことが気になったそうなのです。

テレビで大和さんご本人が話していたのですが、この話を聞いてビックリしました。着る洋服ひとつで声の高さ低さが違ってくるなんて……。

プロ中のプロの声ですから、演出家から指摘のあった声が低いというのは、普通には聞き分けができないくらいの違いだったのではと思います。

でも、確かに着るものひとつで、気分が変わることってありますよね。休日に友達と電話でまったり話していると、「今日は化粧もしてないでしょう！」と言われたりします。パジャマ姿のまま話していることが、声も話すテンポも、のんびりしているので相手にバレてしまうのです。

着るものや周りの環境しだいで、声は自然に変わるものです。新しい洋服をおろしたてのときは気分もウキウキするし、気持ちも声も明るくなります。スーツを着て、仕事や公式の場に向かうときは、声もオフィシャルなものになっているはずです。声ってそれくらい、自分の気持ちが反映されるものです。

また、声の雰囲気だけで、自分でも知らないうちに人に印象づけていることがあります。「ああ、あの声の高い人ね」「あの人はいつも、声が大きくて元気な人だよ」「いつも、ダミ声の人ね」「低音が響いて、カッコいい声でうっとりするよね」「味のある声だね」。

職業に関係なく、声のいい人はいろんな場面でトクをしています。

スタジオでラジオの収録が終わり、ゲストがお帰りになったあと、「あの方、いい声し

ていたね」とスタッフと話すことがあります。声に響きのある人は、それくらい相手の心に余韻を残します。また会いたいとさえ思ってもらえたりします。

自分の声は、人からどんなふうに感じられているでしょうか？　こんなこと、普段はあまり意識したことがないかもしれません。

でも、**声も自分の商売道具のひとつ**と考えてみたらどうでしょう。声を使うのが本業でなくても、プレゼンや営業で相手先と話している声、電話での声がいい感じで伝わると、相手からの好感度がぐんと上がります。

いい声の基本は、発声、滑舌、響き。この3つが揃うと、相手の印象に残りやすい声になります。前項でお伝えしたやり方で、ぜひ自分の声をつくってみてください。

持って生まれた声は天性のもの。本来の声質を変えることは難しいけれど、この本の中でも言ったように、声の悪い人はいません。ボイストレーニングで、声の大きさや、滑舌、響きは変えることができます。

声や話し方が変わると、あなたの仕事や人生が、これまで以上に輝きますよ。

おわりに

プレゼン研修なのに、なんで「話し方」が必要なの？

企業研修に伺うと、たまに怪訝そうな顔で机につく人がいます。自分の仕事がめちゃくちゃ忙しいのに、会社から参加するように言われたから仕方なく来た……そんな雰囲気が伝わってきます。

「プレゼンは、パワーポイントでの説明がいちばん大事でしょう」

「プレゼン準備は、資料作成に命をかけている」

それなのに、どうして話し方を学ばなくてはいけないのか。そんなご意見をいただくことがしばしばあります。お気持ちはよくわかります。

ところが、7回の研修を終える頃には、そう言う人ほど大きな変化を遂げているように思います。研修の最終回では、相手を意識した「伝わる話し方」に変わり、声もよく通り、

自信に満ちた表情でプレゼンしています。何より、話し手側と聞き手側、双方向でのコミュニケーションが、とても上手になっているのです。

プレゼンの基本は話し方であり、プレゼンを成功させるためには、「場の空気をつかむ」ことが必要だということを理解してもらえたからだと思います。

参加したメンバーのほとんどが、「これまでは、プレゼンでは自分が一方的に話すことしか考えていなかった」と言います。

研修では、もちろん話し方の理論やテクニックも伝えていますが、それだけでは、本番で自分の伝えたいことを、相手にきちんと理解してもらうことは至難の業です。

どんなにカッコいいことを話していても、相手に受け入れてもらえなければ、プレゼンの成功を得ることはできません。

今、自分の目の前で話しているこの人が、好きか嫌いか。

ちょっと苦手かも。そんなふうに思われたら、もうアウト！　です。人は、ちょっとした感覚的なことから、物事を決めたり決められたりしています。

逆に言うと、その場の空気を自分のほうに集めておけば、相手をうまく巻き込むことができます。すると、ぐんと話しやすくなるし、自分のペースでプレゼンを進めることができます。

そして、「場の空気をつかむ」ためには、相手の空気を読むだけではなく、自分から空気をつくっていくことが大切なのです。

本書のノウハウは、プレゼンだけではなく、日々の仕事や、家族や友達とのコミュニケーションにもきっと使えるはずです。あなたの毎日のお役に立てたら、とても幸せです。

最後に、私の出版を応援してくれたすべての人に感謝します。また、出版のきっかけをつくってくださった前川あゆさん、ずっと寄り添ってアドバイスしてくださった同文舘出版の担当編集、戸井田歩さんに心からお礼を申し上げます。

森本曜子

著者略歴

森本曜子（もりもと　ようこ）

有限会社プランニング Can Do 代表取締役
ラジオパーソナリティ、プレゼンテーション・コミュニケーション研修講師、中日文化センター講師、大同大学客員教授、福井ふるさと大使
福井県生まれ。イオン株式会社中部支社長の秘書を経て、中部日本放送（CBC）テレビ「ニュースワイド」でデビュー。以後、名古屋各局の番組に多数出演。東海ラジオ放送「アマチンのラジオにおまかせ」では、14 年間にわたり、様々な世代の人達に親しまれてきた。現在は東海ラジオ放送「らじおガモン倶楽部」に出演中。
その他、コミュニケーションやプレゼンテーションの講師として活動している。企画・営業・接客等、仕事の 9 割は全て人とのコミュニケーションから。「伝わってこそ、売上に通じる」をモットーに、企業研修や公開セミナー、大学などで「伝わる伝え方」を届けている。

【HP】http://ameblo.jp/morimotoyoko/

一瞬で場をつかむ！
プレゼン　伝え方のルール

平成 28 年 9 月 14 日　初版発行

著　者 ―― 森本曜子

発行者 ―― 中島治久

発行所 ―― 同文舘出版株式会社

東京都千代田区神田神保町 1-41　〒 101-0051
電話　営業 03（3294）1801　編集 03（3294）1802
振替 00100-8-42935
http://www.dobunkan.co.jp/

ISBN978-4-495-53531-5

印刷／製本：萩原印刷
Printed in Japan 2016